Cómo Conseguir Chamba En Tiempos de Chairos y Fifis

Métodos, técnicas y estrategias que debes y puedes utilizar para conseguir empleo en estos tiempos de Chairos y Fifis

Lic. Gonzalo Estrada O. de M.

Un poco de Cariño

A Martita Madre ejemplo y guía a cada paso

**A Mon Esposa amiga compañera y cómplice
de todas mis fechorías**

A Gonzalo y Ana la razón y el motivo.

Tabla de Contenidos

Introducción

Combatiendo la Desidia

Yo Puedo y lo voy a lograr

El Currículo

La Entrevista

Entrevistas durante una comida

Preguntas de los entrevistadores.

Como conseguir la entrevista

El Autoempleo

Como Mantener el Trabajo

Conclusión

-Capítulo 1-

INTRODUCCIÓN

En estos tiempos, en los cuales la polarización divide nuestra forma de ver las cosas y donde nos podemos situar en ambos lados de la ecuación dependiendo de nuestro propio punto de vista y donde la situación económica se ha tornado difícil para muchas de las empresas, y la oferta de mano de obra -inclusive la altamente calificada- supera a la demanda de empleo, ya no se puede dejar a la suerte o al destino el conseguir una buena oportunidad de trabajo.

Es importante destacar que, por parte de las empresas, la contratación de empleados se ha llevado a niveles de selección muy altos, con despachos especialistas (Head Hunters) y departamentos de Recursos Humanos cada vez más preparados. En este marco, el candidato debe estar consciente de que hay otros aspirantes para el puesto que él desea, con iguales o mejores calificaciones, y que ésta es una razón por demás válida para buscar y desarrollar ventajas competitivas contra los otros candidatos.

Decía el economista Paul Samuelson que, si te encontrabas en un estadio para ver un partido y al estar todos sentados tú te ponías de pie, en ese momento tendrías mejor vista del partido, dado que estarías aplicando a tu favor un elemento de acción: el pararse mientras que los demás permanecen sentados. Aplicando esta idea a nuestro caso, podemos insistir en la importancia de tomar todas las ventajas posibles a nuestro favor mediante la acción, mientras los demás permanecen sentados, quejándose de lo difícil que está la situación y esperando pasivamente la irremediable decisión ajena a favor o en contra.

Esta es la gran diferencia en el mercado de hoy: quien se prepara, se alista y toma todas las ventajas que pueda a su favor, tiene mayores probabilidades de salir victorioso en la labor de encontrar trabajo.

Hay que estar conscientes de que las personas que te van a entrevistar y contratar se preparan a diario para esa función. Es el caso del personal de Recursos Humanos, cuyo trabajo es buscar y seleccionar al mejor candidato posible para la empresa. Hay que aclarar que esta no es una actividad aleatoria, es decir, que sucede de vez en cuando. Al contrario: en el área de Recursos Humanos, estar entrevistando y descartando candidatos es un trabajo de 8 a 5hs, de lunes a viernes. Es un trabajo de tiempo completo.

Con este Documento se pretende dar herramientas al candidato, con el objetivo de que le permitan tener un plus en contra de los otros solicitantes y ganarles puntos a favor con los posibles entrevistadores, ya sean integrantes del área de Recursos Humanos, el dueño de la empresa o el gerente del área. En cualquier caso, lo importante es estar preparado para dar una excelente impresión a la persona que va a tomar la decisión final.

Así como un boxeador entrena diario para el combate estelar, asimismo el candidato debe de trabajar a conciencia para lograr la entrevista de trabajo.

¿Qué tan importante es contar con las herramientas adecuadas? La respuesta debe surgir del mismo candidato. En todo caso, la respuesta que debe de darse es cuánto vale para uno esa posición.

Piensa cuales serían tus posibilidades de triunfo si te presentaras a una pelea sin conocer a tu rival y sin haber tenido preparación o, de otra manera, cómo sería presentarse a la misma pelea conociendo a tus rivales y sabiendo cuáles son tus fortalezas y cuáles tus debilidades. Recuerda que una buena oportunidad de trabajo puede significar un mejor sueldo, una posición más elevada, un mejor paquete laboral, mejores prestaciones y todo esto depende de conseguir ese trabajo. Es por eso que la buena preparación y las correctas herramientas te ayudan a tener éxito donde los demás fracasan.

Encontrar trabajo es un proceso que buscaremos hacer lo más sencillo y practico posible, sin descuidar el hecho de que esta búsqueda requiere disciplina y decisión. Sobre el tema se han escrito cientos de libros; sin embargo, lo esencial -lo verdaderamente útil y práctico- es lo que estamos presentándote aquí, basándonos en experiencias reales de reclutadores, directores de Recursos Humanos, Head Hunters: experiencias del personal que decide una contratación desde el principio hasta el final.

Recuerdo el ejemplo de un campeón nacional de karate que, cuando le preguntaban cuál era su estrategia para vencer a sus rivales, contestaba una y otra vez que no se trata de saber todos los golpes y todas las técnicas, sino de entender cuáles eran las técnicas que le funcionaban a él. Y, en el caso de que fuera una sola, aprender a manejarla bien.

El proceso que deberemos seguir consiste, en una primera instancia, en prepararnos mentalmente: tener una actitud ganadora, vencer el miedo y la desidia. En una segunda instancia deberemos preparar las herramientas físicas, como el currículo, y prepararnos de cuerpo y mente para la entrevista. Es necesario tener en cuenta que ambas partes -tanto la mental como la física- son importantes para lograr el resultado deseado.

Como primer paso hablaremos de la desidia. Es importante que leas todos los capítulos, los razones y los entiendas, teniendo siempre presente que éste no es un ejercicio de memorización. Realmente va más allá: comienza como un ejercicio de autoconfianza, ya que entre las principales causas internas que impiden conseguir empleo se encuentran la desidia y la falta de voluntad. Es increíble cómo muchos de nosotros nos hallamos derrotados antes de empezar, a pesar de ser conscientes de que nos hallamos en una situación que debemos enfrentar y superar. Si tu problema no es simplemente no conseguir trabajo, sino que te encuentras en el caso de haber perdido tu empleo por haber sido despedido, debes tener bien en cuenta de que se trata de un proceso que debes de aprender a superar y a dejar atrás, ya que de otra forma esto te detendrá en tu proceso de búsqueda. Definitivamente se trata de una puerta que debes cerrar.

Una vez profundizado en lo anteriormente dicho, continuaremos con las estrategias para conseguir un buen empleo, preparando los aspectos materiales. Redactaremos el currículo en dos versiones. La primera será el currículo de entrada, el cuál a pesar de ser breve - no debe ocupar más de una hoja- es muy importante, ya que es la llave de entrada, el anzuelo para que el entrevistador se interese y nos llame. El segundo currículo que haremos es el currículo para entrevista, el cual –a diferencia del currículo de entrada- es más completo, ya que debe contener toda la información necesaria que apoyará nuestros argumentos al presentarnos en la entrevista y nos ayudará a convencer a nuestro entrevistador de que somos el candidato correcto para el puesto que están buscando. Este último deberá –inclusive- ir acompañado de los documentos que consideremos necesarios para apoyar nuestra presentación. Posteriormente nos ocuparemos de la entrevista: ver los diferentes tipos que se manejan usualmente y cómo poder controlarlas y manejarlas a nuestro favor. Pero ahora vamos al primer paso, en el cual hay que desarrollar la imaginación y la creatividad: se trata de cómo conseguir las entrevistas. Te diremos como hacerlo de una forma dinámica, agradable y productiva.

-Capítulo 2-

COMBATIENDO LA DESIDIA: EL ENEMIGO INTERNO DE CHAIROS Y FIFIS

Buscar, encontrar y tener un empleo es cuestión de actitud, de una actitud positiva, de saber que uno puede encontrar lo que desea. La desidia es un estado mental negativo, es un temor que nos quita la energía para salir y hacer las cosas que necesitamos para lograr nuestras metas profesionales. A veces la podemos confundir con flojera y apatía, pero en el fondo podría ser la angustia que provoca una nueva situación, el miedo a que nos digan que no.

Integrarse a un nuevo empleo significa muchos cambios: conocer nuevas personas -entre ellas al jefe-, conocer un nuevo lugar y nuevas actividades, por ello es muy frecuente que las personas sientan algún temor, miedo a lo desconocido y a lo novedoso. Tener un nuevo empleo significa un compromiso, y en esta cultura light y hedonista, estamos perdiendo este valor, lo cual es otro factor que alimenta nuestro temor a buscar empleo y obtener uno que satisfaga nuestras expectativas.

Antes que nada, analiza si el empleo que estás buscando es el empleo que realmente deseas tener. Es un privilegio trabajar en lo que uno realmente quiere, ya que es frustrante y desmotivante trabajar por obligación, por mera necesidad o porque "no hay de otra". Si este es tu caso, pregúntate si hay otras opciones más de acuerdo con tu personalidad, tu temperamento y tu gusto, para que puedas hacer un cambio en la medida de lo posible.

Este aspecto se puede convertir en el principal causante de que las personas no duren en sus empleos o no logren promociones, a pesar de que – afortunadamente- hay miles de opciones y solamente es cuestión de que se decidan a hacer el cambio. Para eso es este libro. Para ayudarte a que encuentres el trabajo que deseas encontrar, diciéndote cómo hacerlo.

LOS PENSAMIENTOS

Si has logrado saber cuál es tu empleo ideal y estás decidido a encontrarlo, existen algunas técnicas para utilizar tus procesos mentales para ayudarte a lograr tus propósitos. Los pensamientos son muy poderosos, ya que "somos lo que pensamos". Los pensamientos son energía y depende de ti que sean energía positiva. Revisa qué te dices; un pensamiento desagradable hacia ti mismo desencadena reacciones físicas, sentimientos de inseguridad, miedo, apatía, tristeza, angustia etc. Actuamos en consecuencia de esta actitud, al mismo tiempo que las otras personas pueden percibir -a partir una mirada, tono de voz, postura corporal, coloración del rostro-, que estamos comunicando algo aunque no hablemos, o aunque ni siquiera hagamos algún movimiento. Esto se llama comunicación no verbal y es el 90% de nuestra comunicación. Es el reflejo de cómo nos sentimos.

Este es un tema importante para obtener empleo, la actitud cuenta mucho para mover la balanza a tu favor cuando sea la hora de que el reclutador decide si te va a dar el empleo o no. La fórmula es: ACTITUD + APTITUD = EMPLEO. Si tú vas a buscar empleo con apatía, con inseguridad, con miedo, eso es lo que va a detectar el empleador.

Te invito a cambiar tus pensamientos de negativos a positivos. Es muy fácil, lo único que requieres es constancia y que cada vez que te des cuenta de que te estás diciendo algo desagradable o negativo, inmediatamente lo cambies por algo positivo: por ejemplo: "no me creo capaz de conseguir este empleo porque no me lo merezco", debes cambiarlo por: "sí puedo obtener este empleo, soy el candidato ideal; es fácil y obtendré este empleo que yo deseo". Repítelo cuantas veces sea necesario hasta que te la creas, porque por supuesto que te mereces el mejor empleo. Siéntete merecedor y lo obtendrás.

LA MENTE

¿Cómo es la mente? Existen tres cuestiones muy interesantes que mencionar:

1) La mente es literal, esto quiere decir que va a recibir las órdenes tal cual se las estás enviando. Si tú pides a futuro, nunca vas a conseguir lo que deseas, porque siempre se quedará en el futuro. Pide en presente. Además, la mente no reconoce la palabra NO, así que pide en afirmativo. La mente no cuestiona, obedece.

2) La mente no tiene sentido del humor, por eso a la hora de pedir hazlo seriamente: la mente no reconoce la ironía ni la broma.

3) Para la mente es lo mismo hacer que pensar, esto quiere decir que estás viviendo lo que estás pensando, cambia tus imágenes mentales, si solamente estás pensando en lo que te da miedo, lo que te preocupa, en lo que va a salir mal, entonces estás viviendo situaciones muy estresantes, por lo tanto te sientes cansado y sin ánimos de hacer nada. Así que cuando pienses algo, recuerda que lo estás viviendo. Si pides algo, que sea en afirmativo, presente y -sobre todo- que sea algo que a ti te cause felicidad. Recuerda la frase: "Sí puedo, es fácil y " (aquí pides lo que quieres en presente y afirmativo). Tu mente es poderosa y está para que la utilices a tu favor.

OTRA TÉCNICA MENTAL EFECTIVA

Sigue los siguientes pasos, son muy sencillos pero son efectivos:

1) Tómate unos cinco minutos para relajarte cerrando tus ojos y olvidándote de lo que tengas que

estar haciendo. Simplemente relájate a gusto, como tú sepas acomodarte mejor.

2) Piensa que tienes el poder de la mente a tu disposición y cree en ello.

3) Pide un deseo, por ejemplo, pide el empleo que más deseas.

4) Visualízate obteniendo el empleo que deseas. Siéntelo como si ya lo tuvieras. En este punto, permanece el tiempo que tú creas conveniente.

5) Agradece. Da gracias por el empleo como si ya lo tuvieras.

Cada paso es muy importante, hazlos todos y, cuando hayas terminado, simplemente vete a hacer lo que tengas que hacer. El inconsciente es el poder mental, él irá buscando lo necesario para que tú actúes a favor de lo que deseas.

EL INCONSCIENTE

El inconsciente o subconsciente, es una parte enorme de nuestra psique o de nuestros procesos mentales, por llamarlo de otra manera. Imagínate un iceberg: la punta es la parte consciente y lo que está debajo del agua es el inconsciente. Te ha pasado que a veces actúas o hablas sin pensar, de una manera espontánea y te has preguntado ¿cómo fui capaz de haber dicho o hecho tal cosa? Pues déjame decirte que lo hiciste desde tu inconsciente.

Ese 90% de capacidades mentales que están en el inconsciente muchas veces están desperdiciadas y hay que aprovecharlas para nuestra utilidad, porque realmente es una tristeza utilizar -a lo mucho- un 7% de nuestro cerebro. Es como si tuvieras una cuenta bancaria de un millón de dólares y no la utilizaras porque no sabes cómo. Yo considero que nuestra mente vale mucho más que eso.

Pero ¿cómo hacer para utilizar esa parte desperdiciada? Yo creo que vivir más en el presente y darse cuenta de qué es lo que se está haciendo no es posible hacerlo todo el tiempo, pero sí se puede tratar de que sea más frecuente y lograr adquirir esa habilidad. Una forma de lograrlo es bajar la velocidad; intenta hacer algunas cosas de una manera más lenta, poniendo atención en lo que estás haciendo o diciendo. Otra es poner atención en tu respiración, dejar lo que estás haciendo por unos momentos y caminar lentamente mientras respiras.

LA RETROALIMENTACION

Si has tenido problemas para encontrar el empleo que buscas, creo que es necesario que pidas la opinión de quienes te conocen, con el fin de que te conozcas mejor y puedas ver claramente en qué puedes trabajar contigo mismo para mejorar algunas cuestiones que te están impidiendo crecer. Puedes escoger algunas personas de tu confianza para que con respeto te retroalimenten. Escúchalos con atención. Puedes aprender mucho con esta experiencia y afinar algunos detalles de tu personalidad, de tu actitud o hasta de tu forma de vestir o hablar. Recuerda siempre que cuando vamos a una entrevista de trabajo nos están evaluando completamente y todo habla de ti, pues te expresas en miles de detalles que una persona experta -como es un reclutador- está observando y analizando en ti.

LA AUTOESTIMA (valido para Chairos y Fifis)

Se trata de mi propia valoración, de cómo me percibo a mí mismo y de cuánto me acepto. En pocas palabras, cuánto me estimo. Comencé este capítulo hablando de la desidia, y aquí quiero retomar este punto con el concepto de autoestima: si bien podemos decir que una persona que tiene una autoestima positiva y elevada es difícil que se pueda sentir apática o temerosa, yo creo que más bien que lo que la lleva a conseguir lo que desea es que se siente segura de sí misma y tiene menos dudas sobre su valía. Aquí radica la desidia: en dudar de uno mismo como persona y de las propias capacidades. Es entonces cuando no nos sentimos capaces de lograr obtener el empleo que queremos, y por ello buscamos todas las excusas posibles para evitar ir a esa cita de trabajo, o llegar tarde y echarle la culpa al tráfico, o miles de cosas. Inconscientemente nos estamos boicoteando, así no nos sentimos culpables y nuestra auto-imagen no queda dañada. Quizá la desidia sea el miedo a fallar, a ser rechazados, por lo tanto, a ser lastimados. Probablemente en otras ocasiones hemos cometido errores y obtenidos fracasos y esto ha menguado nuestra autoestima, hemos perdido la fe en nosotros mismos, y por lógica nos da miedo volver a pasar por esa situación tan desagradable.

Te invito a cambiar la forma de visualizar esos fracasos y hasta a agradecerlos, porque considero que de ellos aprendemos, crecemos y nos fortalecemos. Son experiencias que nos van curtiendo en la vida y nos van volviendo un experto en el arte de vivir. Por otro lado, déjame decirte que todos, sin excepción, hemos cometido errores y vivido fracasos de todo tipo, y lo más seguro es que cometamos muchos más en el futuro, los fracasos no existen, solo hay resultados. Y con esta última frase paso a otro apartado.

LAS 7 CREENCIAS DE LOS TRIUNFADORES

En Estados Unidos, un grupo de psicólogos hicieron una investigación y en ella entrevistaron a personajes famosos y exitosos para saber cuál era la fórmula que ellos encontraron para obtener el éxito. De esta investigación obtuvieron siete creencias que coincidían en todos ellos. A continuación te las comparto:

1) Todo pasa para mi bien.

2) No hay fracasos solo hay resultados.

3) Yo soy el responsable de mi mundo.

4) El trabajo es un reto o un juego.

5) No es necesario conocer de todo para usar de todo.

6) No hay éxito duradero sin una entrega personal absoluta (disciplina).

7) Nuestros mejores recursos son los recursos humanos (yo mismo).

LA ANGUSTIA

La angustia es un elemento fundamental en la vida de todo ser humano. Está presente con mucha frecuencia: es lo que sientes cuando prevés que va a haber un cambio significativo en tu vida. Es esa adrenalina que nos hace mover y actuar, pero como es desagradable buscamos la manera de que desaparezca. Por el contrario, debemos tener en cuenta que ese es el motor que necesitamos para actuar: la Angustia Existencial. Yo la considero algo positivo, ya que nos está avisando que necesitamos revisar algún aspecto de nuestra vida que no nos agrada y que requerimos hacer un cambio. Cuando logramos detectar esta necesidad de cambiar algo y logramos hacerlo, la angustia desaparece y da lugar a un sentimiento de satisfacción y alegría. Lo importante es detectarla, ya que muchas personas la tapan distrayéndose para no sentirla y evitarla. Entonces se vuelve crónica y aparece cada vez con más frecuencia e intensidad, hasta volverse patológica, hasta que comienzan los ataques de pánico y las fobias.

La razón por la que debemos comentar y profundizar sobre la angustia es porque cuando uno va a cambiar de empleo o simplemente está buscando trabajo por la razón que sea, obviamente se genera esta sensación de angustia o ansiedad, ya que estamos realizando un cambio importante en nuestra vida. No sabemos cómo nos va a ir, si lograremos encontrar el empleo indicado, si nos van a pagar bien, si va a estar lejos de nuestra casa, si vamos a conocer nuevas personas, ni cómo nos vamos a llevar con ellas, etc., En fin, nos hacemos muchas preguntas y tenemos pocas respuestas. Entonces, es posible que comencemos a pensar cosas angustiantes que nos provocan más ansiedad de la necesaria. Esta es la energía que necesitas, utilízala a tu favor. Por desagradable que sea, es lo que te hará hacer el esfuerzo necesario para salir de ella y lograr tus objetivos. Hazte consciente de lo que estás sintiendo, no la evites ni trates de evadirla porque no es así como desaparecerá; más bien, lo que requiere es que le hagas caso, la escuches y la analices para que descubras qué te está avisando y qué requieres hacer. Si te angustia buscar trabajo, entonces tendrás toda la energía necesaria para buscarlo hasta encontrar lo que tú estás buscando.

EL MOBBING

Si estás trabajando y buscas cambiar de empleo porque no te sientes a gusto en donde te encuentras, puedes encontrar con que estas padeciendo el mobbing, que es el término para referirse al mal trato en las áreas laborales. En muchas ocasiones este mal trato puede ser muy bien disfrazado, ya que podrían ser agresiones en apariencia pasivas, pero que al fin de cuentas te conducen a terminar con una sensación muy desagradable sin tener muy claro lo que está sucediendo. Es importante que le hagas caso a esas sensaciones desagradables como el temor, la inseguridad, el miedo, la apatía, la falta de ganas de ir a trabajar, sentir que todo te sale mal y que tu jefe no está de acuerdo en la manera en que realizas tus labores. El maltrato puede ir desde agresiones abiertas y crueles, hasta insultos, gritos, acoso sexual, no darte trabajo y dejarte sin hacer nada, aburriéndote, diciéndote que tu trabajo es pésimo, robándote tus ideas, etc. El maltrato puede venir de diferentes personas: frecuentemente del jefe, pero también desde compañeros. No importa quién sea, sino el efecto que tiene sobre tu persona, ya que pueden llegar a ser tremendamente molestos, llegando a producir –inclusive– una baja autoestima.

Este es un tema muy desagradable pero real, muchas personas están padeciendo este fenómeno y no saben qué hacer. En la mayoría de los casos no desean perder su trabajo pues necesitan esta fuente de ingresos para mantener a sus familias.

LA CAPACITACION

¿Qué tan capacitado te sientes para realizar tu trabajo? Es una excelente inversión pagar algunos cursos que te den las herramientas necesarias para que hagas un mejor papel en tu desenvolvimiento en el trabajo, o para que encuentres ese empleo que siempre has deseado. Recuerda siempre que la "información es poder" y que en muchos trabajos te pagan por lo que sabes, no tanto por lo que haces. En este rubro, a veces es necesario hacer un cambio radical en nuestra profesión. Yo conozco personas que descubrieron que a lo que se dedicaban no era lo que ellos deseaban y tuvieron el valor de comenzar una nueva carrera y ahora están más contentos en sus actividades. Creo que los límites nos los ponemos nosotros mismos, ya que podemos lograr todo lo que nos propongamos. Nosotros somos los responsables de nuestras vidas, todo depende de nosotros y recuerda que somos lo que pensamos. Las decisiones pasadas son las que te tienen donde estas hoy y, afortunadamente, está en tus manos el cambiar. Si tú lo deseas, todo puede cambiar.

Si perdiste tu empleo, esta es tu oportunidad para realizar los cambios que requieres y convertir una mala experiencia en algo positivo. Aprovecha para tomar los cursos necesarios y encontrar ese empleo que está esperando por ti. Te mereces lo mejor de la vida, pero nada es gratis; hay que hacer las cosas necesarias para obtener lo que uno quiere. Todo tiene un costo, y debemos de pagar un precio. Ya que siempre estás tomando decisiones, permíteme decirte que no hay decisiones malas, solamente decisiones, y aún si decides no decidir tendrás que pagar un precio por ello. Simplemente pregúntate ¿es el precio que estoy dispuesto a pagar? Si es así, adelante.

El ser humano tiene una necesidad inherente a su ser: esta necesidad es la de trascender, ser mejor y crecer, desarrollar nuestras capacidades. Regreso al tema de la Angustia Existencial, la cual te avisa que requieres un cambio para mejorar como persona. Es la energía que te ayuda a moverte y proveer para ti lo que estas requiriendo. Esto se aplica a la vida laboral y profesional: es el no querer conformarnos con lo que tenemos, por lo cual necesitamos invertir en nosotros y actuar en consecuencia para lograr nuestras metas.

Esta necesidad de trascender, la tenemos todos y no podemos escapar de ella; debemos hacerle caso y escucharla, es una guía muy certera. La mejor manera de saber que le estamos haciendo caso es la desaparición de la angustia y la sensación de satisfacción y entusiasmo. Si vives desanimado, sin energía, con flojera, insatisfecho, apático y no te gusta lo que estás viviendo, tú puedes cambiar tu vida, nadie más que tú lo puede hacer, es tu derecho y tu responsabilidad, es el compromiso que tienes contigo mismo de ser mejor y vivir mejor, no te conformes con menos. La vida está en tu favor, no en tu contra.

LO FISICO

Como nos ven nos tratan. Tú forma de vestir, tu higiene personal, tus zapatos y hasta tu perfume o loción son factores que un reclutador va a observar y calificar durante la entrevista: la primera impresión es la más importante. No se trata de que gastes mucho dinero en tu ropa y accesorios, simplemente se trata de que estén en perfecto estado, bien planchado, limpio, lustrado. Estos detalles hablan de ti: una persona descuidada da desconfianza porque el mensaje que está mandando es "no me quiero", "no me cuido", "no merezco", "no soy feliz". Por el contrario, una persona limpia y vestida pulcramente es más atractiva y se ve más agradable, y a las personas nos gusta estar con personas de apariencia agradable. Así que es otro factor que debes analizar para saber si tu imagen es la adecuada o si necesitas realizar algunos cambios. Recuerda siempre que cuando estamos en una entrevista de trabajo estamos siendo calificados en muchos aspectos, no se trata solamente de nuestra aptitud, experiencia y conocimientos, sino también de nuestra actitud y apariencia. La parte corporal habla más de ti que mil palabras, si no, nada más observa a las personas que tú consideras exitosas, observa cómo se ven seguras de sí mismas y cómo se desenvuelven con facilidad y gracia.

Probablemente suene muy fácil, pero para hacerlo hay que sentirlo en nuestro interior. Nosotros reflejamos lo que tenemos por dentro: si lo que tenemos por dentro es inseguridad y miedo, eso es lo que van a detectar en nosotros, porque los reclutadores son expertos y poseen un ojo clínico desarrollado por la experiencia.

¿Cómo cambiar lo que siento? ¿Cómo cambiar el concepto que tengo de mí mismo? ¿Cómo puedo sentirme mejor conmigo mismo? En el siguiente apartado te voy a explicar lo que es nuestra Identidad y de dónde viene, para que puedas comprender la razón por la cual eres quién eres, y actúas como lo haces.

LA IDENTIDAD

Cuando somos niños, lo más importante para nosotros es el amor incondicional de nuestros padres. Más o menos a la edad de 2 años comenzamos a escuchar que para todo nos dicen que "no": comienzan los regaños, los manazos y -sobre todo- cuando se enojan con nosotros sentimos que nos retiran su afecto. Esto genera mucha angustia en el niño y comienza a "obedecer" para no sentirse tan asustado y solo y –la motivación más importante- para obtener el amor y la aceptación de los padres. Todos hemos pasado por eso y desde esa edad creamos una identidad que nos aleja de ser quienes en realidad somos:

nos convertimos en quienes los demás quieren que seamos, vivimos cumpliendo con las expectativas de nuestros padres, maestros y cualquier otra autoridad como los sacerdotes y los adultos que nos rodean. Si de pequeños escuchamos frases de nuestros padres -u otras autoridades- como "tú no puedes", "eres un inútil", "no vales nada", etc., les vamos a creer sin dudarlo, porque además creemos que los adultos no se equivocan y que desde su posición de autoridad saben lo que hacen y dicen. Si crecemos creyendo todo lo que nos dijeron, sin cuestionar si es verdad o no, eso nos puede perjudicar mucho, porque llegamos a ser adultos dudando de nuestras habilidades y capacidades. Pero ojo: si también nos halagaron y demostraron sentirse muy orgullosos de nosotros, sus retoños, entonces también tendremos que vivir dando el ancho para que cumplamos con sus expectativas y sigan sintiéndose orgullosos de nosotros. Todo esto nos limita y no nos permite ser nosotros mismos.

Vivimos bajo las expectativas de otros, por lo tanto, vivimos frustrados y apáticos, ya que no estamos haciendo lo que realmente deseamos. Entonces, ¿cómo vamos a disfrutar haciendo algo que no es lo que queremos?

Afortunadamente, todo lo que aprendemos lo podemos desaprender y aprender algo nuevo. Para darte cuenta si estás viviendo bajo la influencia de otro u otros, escucha a tus sensaciones y sentimientos: ¿te sientes satisfecho y entusiasmad o sientes que actúas con una pistola en tus sienes, complaciendo a los demás y olvidándote de ti mismo?

Ahora es momento de meditar en lo anterior, y darte cuenta que a la única persona que tienes que complacer es a ti mismo. Es tiempo de escuchar tus verdaderos deseos y cambiar el concepto que tienes sobre ti, y para eso está tu poder mental: para cambiar todos esos pensamientos negativos que escuchaste en aquel entonces, que no son verdad. Piensa en los logros que has tenido, en los éxitos que has obtenido, ¿Qué te hace sentir orgulloso de ti mismo? ¿Cuándo viviste feliz y pleno haciendo algo que te gustaba?

Estas son claves importantes para conocerte mejor. Yo te pregunto: si tienes un auto y lo único que conoces son los frenos y el clutch ¿puedes manejarlo? Realmente no. Y es lo mismo contigo: entre mejor te conoces, más conciencia tienes de lo que haces y dices; por sobre todo, sabes la razón por lo que lo haces. ¡¡¡Conócete a ti mismo!!!

-Capítulo 3-

YO PUEDO Y LO VOY A LOGRAR

"Yo voy a conseguir el empleo porque soy el mejor candidato"

Aquí es en donde empieza lo más interesante, lo que te ayudará a tomar la decisión de cambiar tu vida para bien.

Ya conoces todas las consecuencias que trae la pérdida del empleo, conoces las implicaciones emocionales y obviamente, las implicaciones económicas; también aprendiste a detectar los síntomas que evidencian la depresión, y te hablamos de otros síndromes relacionados a la pérdida del empleo. Además te dimos algunas pistas para que entiendas mejor el funcionamiento de la mente consciente y la mente inconsciente, por lo cual ya conoces algunas afirmaciones que te van a ayudar a cambiar tu clima mental, transformando tu pensamiento de negativo a positivo. Te aseguramos que si sigues esos pequeños pasos y los que te daremos más adelante, notarás los cambios en tu vida. Pero presta atención: no solo estamos hablando de cambios a nivel económico, ¡no señor! Te aseguramos un cambio en todas tus dimensiones, en todos los aspectos de tu ser físico, mental y emocional. Tu familia va a estar ampliamente agradecida con tu decisión de cambio, tus amigos se sentirán más a gusto a tu lado, nunca más volverás a tener problemas para conseguir o mantener tu empleo, tu jefe jamás volverá a tener objeciones en tu contra y, lo más importante, es que andarás por la vida con una sensación de plenitud y satisfacción permanente.

En fin, ¡no más cuentos! Estamos seguros de que te encuentras preparado para pasar a la acción, no importa quién fuiste antes, no importa cual fue tu situación laboral en el pasado, no importa si malgastaste varios años de tu vida invirtiendo tiempo y energía en un trabajo que ni siquiera te satisfacía para que al final a tu jefe se le ocurriera la gran idea de "prescindir de tus servicios". Ya no importa nada de eso. No importa si te dijeron NO en el pasado, porque el pasado ya pasó y tus malas decisiones quedaron atrás. Tus errores y tus miedos quedaron enterrados en el olvido y estás listo para emprender una nueva vida laboral.

Sin lugar a dudas, el momento más importante a la hora de conseguir empleo es el momento torturante de la entrevista. La gran mayoría de los mortales hemos tenido que pasar por esta experiencia incómoda, muchas veces sin conseguir el éxito. El sufrimiento empieza cuando abres el ropero y te das cuenta de que ¡no tienes nada que ponerte! Si eres mujer debes tomarte el tiempo de maquillarte, peinarte y arreglarte las uñas, y si eres hombre te tienes que afeitar a las carreras, luego salir corriendo a tomar el transporte público o sacar tu vehículo del estacionamiento y empezar inmediatamente una guerra contra el tráfico, como si la ciudad entera se hubiera puesto de acuerdo para ponerse en tu contra. Al final, después de tanto sufrir logras llegar a tiempo y te das cuenta de que toda esa carrera para llegar a la hora era innecesaria porque debes hacer una fila enorme; te hacen esperar entre una hora y dos horas (a veces mas) hasta ser atendido, porque el empleador sabe que si buscas empleo es porque no tienes uno, entonces asume que no tienes nada mejor que hacer y cree que por eso puede jugar con tu tiempo. Después de tantos sufrimientos (demasiados para una sola jornada) debes oír la misma frase de siempre: "lo llamaremos si nos interesa". Te quedas en casa esperando oír el timbre del teléfono y adivina qué: ¡nunca llaman! Te preguntarás por qué siempre te pasa lo mismo... Nosotros tenemos la respuesta y estamos a punto de revelarte una gran verdad: hasta el día de hoy no has sido un buen candidato.

En este momento debes estar enfurecido, pensarás que somos unos atrevidos: "estos tontos que ni siquiera me conocen tienen el descaro de llamarme mal candidato". Pues sí, querido amigo, si tú fueras el mejor candidato tendrías el empleo que anhelas. Es tan sencillo como eso.

Pero tranquilo, hemos dicho "hasta el día de hoy no has sido un buen candidato" y te vamos a explicar por qué.

Hasta el día de hoy no te has considerado a ti mismo como el mejor; es más, hasta el día de hoy ni siquiera sabías que podrías llegar a ser el mejor candidato alguna vez. Hasta el día de hoy te conformaste pensando que tal vez, entre todas esas personas que hacían fila detrás de ti en la entrevista, había alguien mejor que tú, alguien mejor preparado o con más suerte y que esa es la razón por la cual no tienes el empleo que deseas.

Pues no te preocupes, eso va a cambiar ahora mismo, porque te tenemos preparado un pequeño secreto. Lo hemos guardado para que tengas la fortuna de enterarte hoy mismo de qué se trata. Es un pequeño regalo diseñado especialmente para ti: solo hay una cosa que hace falta para que te conviertas en el mejor candidato y es que te tomes un momento para mirarte al espejo, y para decirle en voz alta a ese personaje que tienes en frente "tú eres el mejor candidato". Es así de simple. Cuando tú seas capaz de mirarte al espejo y reconocer que ese que está ahí realmente es el mejor candidato, ese día serás el mejor candidato. No antes ni después.

Ahora mismo debes estar pensando de nuevo que somos unos tontos, que ni siquiera te conocemos y de nuevo hablamos sin conocimiento de causa, que nos sentimos con la autoridad de decirte que puedes ser el mejor

Candidato. Pues sí, sabemos que puedes ser el mejor, porque para ser el mejor candidato no hace falta nada más que la "actitud de mejor candidato". No importan tus defectos, ni tampoco tus capacidades.

Ya sabemos que conseguir este tipo de actitud puede tener sus complicaciones. Somos conscientes de que habrán algunos obstáculos y sabemos que una vez más tendrás que enfrentarte a tu enemigo infalible: la mente. La mente va a tener siempre un listado de excusas preparado para cada oportunidad importante: te va a dar mil y un excusas, mil y un razones para convencerte de que en realidad no eres y no serás nunca un buen candidato. Te dirá que no estás lo suficientemente preparado, que tal vez eres demasiado joven o demasiado viejo, que a lo mejor el hecho de que seas hombre podría llegar a ser un problema, o el hecho de que seas mujer, que tal vez eres calvo o a lo mejor eres muy tímido, que sin duda no eres guapa o tal vez eres demasiado guapa y pensarán que no eres inteligente, que estas gorda, que no eres listo, que no eres muy ágil, que no tienes experiencia, que tienes demasiada experiencia, que no has cursado muchos estudios, que tienes demasiados títulos, etc. Tu mente va a encontrar muchas razones y lo más probable es que tú la escuches

Tienes que estar consciente de algo: puede ser que tengas puntos a favor o puntos en contra, pero en el fondo ¿a quién le importa? Nadie es perfecto: todos tenemos defectos, pero también virtudes. Debes aprender a centrarte en tus virtudes y no en tus limitaciones y -si aprendes a hacerlo- te aseguramos que tendrás éxito en todos los aspectos de tu vida.

A continuación te vamos a invitar hacer un ejercicio muy simple. No lo hemos inventado nosotros, sino que se trata de un ejercicio muy común pero muy práctico puedes profundizar en los libros de autoayuda y conocimiento de uno mismo, si te gusta. Primero haz una lista con todos tus defectos, ¡que no se te escape ninguno! Léela una vez y después haz otra lista con tus virtudes. Tómate un tiempo para leer esta segunda lista y trata de sentirte agradecido con Dios, la vida o contigo mismo, si no eres creyente. Aliméntate con esa sensación refrescante de agradecimiento, siéntete feliz por todas las grandes virtudes que tienes.

Ahora, para transformar tus pequeños defectillos en virtudes, vas a hacer una nueva lista con todos tus defectos disfrazados de virtudes, así, por ejemplo, si tomas de tu lista de defectos la frase "me da miedo hablar en público", en tu nueva lista la frase podría convertirse en "soy muy bueno hablando en público" o "me siento seguro hablando en público". Aplica el mismo procedimiento en cada caso y cuando acabes bota tu antigua lista de defectos. Si quieres sentir que es realmente un cambio rotundo puedes quemarla o romperla en pedacitos para que tu mente entienda que se trata de algo importante y definitivo.

Desde ahora toma la costumbre de leer diariamente tus dos listas: la de virtudes y la de "nuevas virtudes". Si quieres, para hacerle trampa al enemigo (la mente), puedes juntar ambas listas y mezclarlas. Así tu mente no notará la diferencia entre las virtudes reales y las virtudes que están en proceso.

Con el tiempo vas a ver cómo tus defectos anteriores van desapareciendo y cómo vas obteniendo más y más virtudes. Pero por ahora, si tuvieses que ir a conseguir trabajo mañana mismo, lo más normal es que pienses "¡¡¡Dios mío!! ¡No tendré tiempo de hacer las listas, leerlas y hacer que el método funcione para mañana en la mañana! ¿Qué voy a hacer?" Pues... Es cierto que el método no funcionará de la noche a la mañana, pero aun así puedes apropiarte de las virtudes que ya tienes. Tal vez eres muy amable y ofreces un buen servicio al público, tal vez eres bueno con los números o tienes facultades para dirigir personal. El entrevistador no sabe para qué eres bueno, pero tú sí que debes saberlo; aprovecha esas virtudes, porque son tus virtudes las que te van a dar el empleo. Aprende muy bien esto: que sean tus virtudes las que te den el empleo y no tus defectos los que te lo quiten. ¿Lo aprendiste? Es una forma de vivir y se trata simplemente el adaptar tu actitud mental.

Debes estar siempre consciente de que tu futuro empleador no está buscando a alguien perfecto, ¡porque esa persona sencillamente no existe! Tu futuro empleador está buscando un candidato que cumpla con la mayor parte de los requerimientos que le han solicitado para el puesto: él, de entrada -aun sin entrevistar a los candidatos-, sabe que no existe el candidato perfecto; ¡tú estás compitiendo contra personas como tú! Son seres humanos normales que se equivocan y tienen debilidades. Algunos han estudiado más, otros menos, unos son más atractivos, otros tienen más experiencia, pero tú tienes una ventaja: ¡sabes que eres el mejor! Te has visto al espejo hoy y has corroborado lo que sospechabas, te has convertido en el mejor.

Cuando comenzaba a trabajar leí una anécdota que nunca olvidé. Sucedió en Estados Unidos, en la época de la depresión, y la persona que escribía la nota comentaba que a él nunca le había faltado el trabajo. En ese momento, las personas cumplían ciertos trabajos temporales; pero una vez terminados éstos, tenían que volver a formarse en línea y volver a buscar otra oportunidad. No había trabajos definitivos, pero si había ciertas oportunidades temporales. Aun así, el autor decía que no le había faltado trabajo, porque descubierto algo de forma casual y por accidente: cuando estaba en línea esperando que le entrevistaran como a los demás, él sonreía. Sonreía de una

Manera honesta y sencilla, y eso de alguna forma agradaba a los empleadores. A final de cuentas, en medio de la depresión -la peor situación económica de los Estados Unidos- a él nunca le faltó trabajo.

Pero hay una última recomendación que debemos darte: una buena dosis de optimismo siempre viene bien, pero tampoco es conveniente llegar al extremo de embriagarte de tanto positivismo porque podrías perder un poco el sentido común. Algunas personas son tan optimistas que se presentan a algunas entrevistas de trabajo para puestos que están fuera de su alcance. Piensan "¡¡si, o soy el mejor candidato!! Para el puesto es necesario tener un doctorado en ciencias sociales y yo solo llegué hasta la preparatoria; pero no importa, soy el mejor candidato" Como ves, esos son los excesos que es mejor evitar, porque lo más probable es que esta persona reciba un NO como respuesta, si es que le va bien, porque -aún peor- podrían burlarse de él y hacerlo quedar en ridículo. Cada pequeño NO se suma a la lista de frustraciones. No esperes resultados que no estás preparado para obtener: todo es un proceso y para todo proceso se requiere algo de tiempo. Busca siempre un empleo que se ajuste a tus cualidades, así te sentirás tranquilo y confiado de cumplir con los requisitos para el puesto

Pero aquí viene un tema muy importante: tienes que convertirte en una persona a prueba de "Noes". No siempre recibirás un SI como respuesta, porque lo más normal es que al iniciar tu búsqueda muchas puertas se cierren, muchas oportunidades no resulten y muchos empleadores te digan que no te ajustas al perfil que están buscando. Tienes dos opciones: puedes frustrarte y sentirte infeliz porque te han dicho que no, o puedes verlo de una forma totalmente positiva: "esta puerta se ha cerrado porque hay una puerta mucho mejor que se abre para mí en este momento". ¡¡¡Es una fórmula mágica!!! Cada día estarás más cerca de la oportunidad que estás buscando.

Déjanos decirte algo: el poder de la mente es maravilloso. Así como puede ser nuestra enemiga mortal, puede ser también nuestra mejor aliada. Mándale mensajes todos los días, haz otra lista con las características del empleo que buscas. Debes estar pensando: "estos tipos y sus listas…" si te lo recomendamos es porque de veras funcionan. Cada uno de nosotros lo ha comprobado, y si no fuera así no hablaríamos del tema con tanta autoridad. Entonces, haz una lista con todas las características de tu próximo empleo; incluye la ubicación, el salario que deseas, el tipo de jefe qué prefieres, el tipo de compañeros, escribe cuáles quieres que sean tus funciones, tu horario, incluye todo lo que se te ocurra y durante el día léelo una y otra vez. Imagínatelo; imagina cómo te sientes de bien en tu nuevo empleo y verás cómo un día tu "sueño" -que no es un sueño sino tu futura realidad- se concretará.

Por último recuerda que la decisión es solo tuya. Nosotros te damos las bases, el conocimiento y algunos trucos para que tú mismo hagas el resto. Si te decides a emprender este camino hacia el éxito, de seguro lo lograrás; pero si prefieres quedarte en casa quejándote por la mala vida que llevas, obtendrás resultados negativos y tu vida estará llena de rechazos y puertas que se cierran. Recuerda bien esto y no lo olvides: si una puerta se cierra, otra se abre. Ese es un proverbio muy conocido y esconde una gran verdad; pero imagínate, una puerta se cierra y tú prefieres sentarte a mirar televisión en vez de ir a abrir la puerta que se ha abierto para ti. ¿Qué crees que pasará? De seguro alguien -no necesariamente más listo y más preparado, pero sí con más decisión que tu- irá a abrirla. Se dice que el éxito es 5% de inspiración y 95% de respiración.

Recuerdo las palabras de un jefe que tenía, que nos recordaba que no debíamos caer en la parálisis por el análisis. No busques que todo sea tan perfecto al punto de que -hasta que no sea así- no envíes un currículo o no hagas una llamada. Recuerda que el camino más largo comienza con un paso.

-Capitulo 4-

EL CURRÍCULO

Nuestra llave de entrada, la tarjeta de presentación que nos abrirá las puertas a ese deseado y anhelado empleo, es el currículo (currículo o curriculum, en plural es curricula). Si el currículo esta hecho inteligentemente y de una forma atractiva, será la llave que nos abrirá la oportunidad de una entrevista; y si esta última es bien manejada, nos llevara a la meta final: ¡el empleo! Así que nuestro currículo debe ser atendido y elaborado con mucha paciencia e inteligencia, invirtiéndole el tiempo necesario, a pesar de que su elaboración sea una tarea algo tediosa que nos obligue a buscar documentos y revisar fechas. Hay que hacerlo bien y a conciencia.

Lo más recomendable para tener éxito es el manejar dos tipos de currículo: el currículo de entrada y el currículo para entrevista. Ambos son igual de importantes, pero cada uno de ellos cumple una función distinta.

CURRICULO DE ENTRADA

La función del currículo de entrada es abrirnos la puerta de la entrevista con el área contratante, llámese Dirección de Recursos Humanos, despachos de Head-hunters, dueños de empresas, o simplemente la persona que va a decidir la contratación. El currículo de entrada debe estar diseñando para llamar la atención del reclutador en no más de cinco segundos, para no correr el riesgo de acabar en el montón de currículos que no le interesan, o –inclusive- en el bote de la basura.

El currículo de entrada no deberá ser mayor a una hoja carta y lo importante en este momento del proceso no es la cantidad de información, sino la calidad de la misma. Cuando un reclutador recibe un currículo nuevo, busca en forma muy rápida las palabras clave que le den las pistas de la información que él está buscando. Si el currículo es demasiado extenso y vago (recordemos que la persona que estará viendo este currículo, puede ser o el dueño de la empresa, el director de Recursos Humanos o el Head- Hunter), si no le llama la atención, es muy probable que éste sea enviado a la secretaria para su archivo o a la basura.

El empleador promedio utiliza segundos en darle un primer vistazo al currículo. En ese momento, ese documento es el único contacto que tienes con el empleador potencial. Inclusive hay ciertos reclutadores/filtros que actúan de forma inversa y buscan razones para no entrevistarte y eliminar la mayor cantidad de candidatos posible de la lista para solo quedarse con los CV de los candidatos que les parecen más prometedores. No hay mucho espacio ni tiempo para decirle quien eres y qué has logrado en los últimos años.

En un mercado que se ha vuelto cada vez más y más competitivo, el tener un currículo perfectamente lógico y bien elaborado es indispensable para destacar entre los cientos y cientos de personas que buscan el mismo empleo que tú.

Independientemente de tus aptitudes profesionales y tu educación, tu carrera debe ser resumida eficientemente en una hoja de papel, para que en un "tris" y de un solo vistazo, el futuro empleador pueda ver las palabras clave que le hagan clic y despierten su curiosidad, para dedicarle más tiempo y una lectura completa al mismo. Comunicar tus habilidades no es tan difícil, pero tienes que recordar que el fin de tu currículo es el causar una buena primera impresión.

Vamos a dividir el currículo de entrada en bloques:

Bloque A: Datos Generales

Nombre, Dirección, teléfonos y correo electrónico. Esta parte es un básico, en la cual le daremos nuestros datos generales de una forma breve y concisa.

Bloque B: Objetivo

Este es el factor más importante de todo el currículo de entrada: este bloque se encuentra inmediatamente a la vista del Empleador, y tiene la función de comunicarle en pocos segundos quién eres y por qué eres el mejor candidato al puesto. En este bloque deberemos de poner quiénes somos y cuál es nuestra facultad principal, y -lo más importante- por qué debe de contratarnos.

Bloque C: Experiencia

En este bloque nuestra función es darle al Empleador una visión cronológica de los últimos puestos y compañías donde hemos laborado. Debe estar subdividido en varios bloques pequeños que abarquen las facetas más relevantes de nuestra experiencia profesional

Bloque D: Cursos y estudios

Aquí deberemos de escoger y colocar los estudios realizados, incluyendo los postgrados, diplomados o cursos relevantes al puesto que estamos solicitando. Recordemos que el espacio es muy limitado y que queremos comunicar sólo los aspectos que son importantes para esta posición.

No hay segundas primeras impresiones. Esta es tu entrada y tienes que decirle quién eres y por qué te deben de contratar para este puesto en específico. Esa es la parte importante.

Recuerda que todo debe caber en una sola hoja, de preferencia de tamaño carta. Suprime lo que consideres irrelevante y resalta las habilidades que vayan con el puesto solicitado. No tienes que inventar, simplemente destaca.

CURRÍCULO DE ENTREVISTA

El currículo para la entrevista es una versión más amplia, pero orientada sobre la misma base y la misma línea del currículo de entrada. Mientras que la función del currículo de entrada es la de llamar la atención del empleador para que nos conceda la entrevista, con el currículo de entrevista le proporcionaremos al entrevistador todos los datos necesarios que estimemos pertinentes.

Para elaborar un buen currículo tome en cuenta los siguientes factores.

¿Quién va a leer mi currículo? ¿Un Director de Recursos Humanos, un Head Hunter, el dueño de la compañía?" El empleador sabe el tipo de candidato que está buscando antes de leer los currículos: está buscando a alguien con cierta experiencia, ciertas habilidades y cierto entrenamiento.

Asumamos que tu currículo no es el único que tiene: mientras mejor sea el puesto que estás buscando, puedes estar seguro que más candidatos habrá compitiendo para el mismo; recuerda que él está buscando un perfil especifico y ten por seguro que no va a entrevistar 50 o 100 candidatos genéricos para esto. Ya debe haber habido un proceso de filtración y él entrevistará sólo los candidatos más prometedores -tal vez de 6 a 10 candidatos- y tú quieres ser uno de ellos.

Pero si en tu información no escribes lo que él está buscando, ten por seguro que las personas que tienen como trabajo filtrar los CV que no cumplan con los requisitos, pueden desechar el tuyo. En ese momento no hay interacción física entre tu persona y los filtradores; todo lo que hay es el CV que les hiciste llegar. Por eso importante trabajar a fondo y de forma lógica y consistente el currículo, de acuerdo a la posición para la que estás compitiendo en ese momento. Si escribes lo que está esperando leer, ten por seguro que tú serás uno de los que él va a entrevistar.

La mayoría de la gente cuando escribe su currículo no lo hace pensando en que es lo que el empleador está buscando, sino que lo escribe pensando en sí mismos: escriben su autobiografía, pero el empleador no está interesado en la historia de su vida, no está buscando un amigo o una pareja o una persona interesante. El empleador está buscando a alguien quien "aparentemente" pueda ser el mejor prospecto para realizar ese trabajo.

El empleador quiere ver lo que está esperando ver, por eso escudriña el documento buscando las habilidades o características que sabe que van con la posición. Con esto no decimos que se escriba una novela de ficción o una mentira, ¡claro que no! El currículo debe de ser cierto, pero al mismo tiempo se debe enfocar en la parte de tu experiencia profesional que es relevante y significativa para la compañía a la que quieres entrar. Si la persona que está leyendo el currículo no ve en los primeros renglones algo que le haga clic con respecto a lo que él necesita, muy probablemente no seguirá leyendo y el currículo y tu oportunidad de una entrevista terminarán, como dijimos, en un archivo o en la basura.

Haz que tu currículo sea de lectura amena. Muchos de los currículos están escritos en una forma densa confusa y difícil de leer, tratando de incorporar cuanta información sea posible. Recuerda que el empleador tiene que leer bastantes currículos antes y después del tuyo, por lo que al principio leerá solo unos renglones de cada párrafo. Si lo haces en forma de bloques con áreas, le facilitaras el poder estudiarlo, ya que esta organización ayuda a una lectura mucho más fácil que la de los currículos que son continuos.

El hacer tu currículo fácil de leer y entender no significa que simplifiques -por demás- tu experiencia laboral a sólo unas pocas líneas.

En el currículo de entrevista debes tocar los puntos

a. Experiencia

b. Estudios

c. Cursos

d. Logros

e. Habilidades

f. Aspectos relevantes

Busca ser consistente en la elaboración y trata de que lleve un orden, el mismo tipo de letra para títulos y subtítulos.

Dado que el currículo es tu carta de presentación, busca utilizar las palabras y situaciones clave de tu área y al elaborar el objetivo busca ser breve y claro. Recuerda que el área Objetivo es la parte más importante de tu currículo. Utiliza los correctores de ortografía y gramática, busca que tus descripciones sean claras, evita divagar.

Habla con tus compañeros y amigos pide que te revisen el currículo cuantas veces sea necesario, y si puedes pedirle a algún conocido en tu campo de trabajo que lo revise, mejor.

Busca empezar tus frases con verbos de acción asegurándote que destaques las habilidades y cualidades del puesto que estas solicitando, y evita los aspectos que no vienen al caso; trata de enfocarte en lo relevante. Muchas compañías tienen descripciones del puesto, así que si puedes averiguarlas es muy útil.

Cuando termines tu currículo date un par de días y vuélvelo a revisar, de esta forma podrás captar errores o situaciones que habías pasado por alto. Recuerda que tú eres la persona correcta para el puesto: no dejes que tu currículo refleje inseguridad o duda de que tú eres la persona ideal.

Trata de ver el currículo como si fuera de una tercera persona.

¿Contratarías a esa persona?

Si no es así, subraya y corrige las partes que veas débiles hasta que te sientas seguro.

-Capítulo 5-

LA ENTREVISTA

Dependiendo del entrevistador, de su experiencia y calidad profesional, la entrevista puede ser muy agradable o puede llegar a ser algo muy parecido a una confrontación. Recuerda, sin embargo, que es más frecuente que el entrevistador quiera encontrar el candidato perfecto para el puesto tanto como tú quieres encontrar ese puesto. Poniéndolo de otra manera, el entrevistador necesita tanto contratar a alguien como tú necesitas que te contraten, por lo cual se trata de un apoyo mental y es importante el pensar que formas parte de un equipo de dos (tú y el entrevistador) para llegar a una situación positiva.

Estar bien preparado para la entrevista incrementará tu auto confianza y tranquilidad, lo cual mejorará automáticamente tu actuación en la entrevista. Existe una serie acciones que debes realizar para incrementar las probabilidades de que una entrevista de trabajo sea exitosa.

A lo largo de tu carrera profesional, en muchas ocasiones serás entrevistado por personas que son entrevistadores profesionales y en ocasiones por personas que no lo son. No hay una forma estándar de entrevistar, y no importa cuál sea el método que utilice el entrevistador, es tu responsabilidad hacer lo mejor y dar lo mejor de ti en cada situación.

Dado que la entrevista es una conversación sin ensayar entre dos extraños, la plática puede tomar tantos caminos como te imagines. Por esa razón es crucial que te halles confortable con el proceso que tienes que pasar y que tengas en cuenta que este confort viene dado, en gran medida, con una preparación adecuada para la entrevista. De lo único que puedes estar seguro es que cada entrevista es única.

PREPARACIÓN

Nunca será suficiente el recalcar una y otra vez la importancia de estar bien preparado para una entrevista de trabajo. Tu grado de preparación para la entrevista refleja directamente el nivel de tu interés por este puesto; por eso, una preparación correcta te permitirá dar respuestas articuladas, verte seguro y hacer las preguntas y comentarios correctos.

Con el fin de crear el mejor escenario para tu candidatura al puesto específico que estás buscando, necesitas estar preparado con información acerca de ti, pero también acerca del puesto, como la compañía, el campo de acción. Es difícil estructurar un caso si sólo se tiene información acerca de uno de los lados de la ecuación.

Es un error muy común de la gente el asumir que se conocen perfectamente a sí mismos, que no necesitan pasar tiempo repasando los logros o desarrollos profesionales antes de una entrevista. Pero yo considero que es muy importante pensar en uno mismo - especialmente antes de una entrevista de trabajo - y poder reflejar coherentemente cómo esas experiencias previas de trabajo nos han preparado para esa ocasión o ese puesto. Es importante, asimismo, poder manifestarle claramente a un extraño lo que desea saber de nosotros. Hay que tener en cuenta que puede ser bastante difícil hablar de uno mismo si uno no está acostumbrado a hacerlo, porque si tú no eres tímido y puedes hablar libremente de tus aciertos y talentos, puede tomarte cierta práctica el sonar confiado pero no arrogante. Y si tu tendencia es a ser humilde y sencillo, necesitarás práctica para sonar natural y no acartonado o falso.

Para meditar acerca de ti mismo, considera los siguientes puntos:

-hábitos o hobbies de tiempo así como los nuevos;

-talentos y habilidades que tienes y que te gustaría utilizar en tu trabajo;

-habilidades que te gustaría desarrollar;

-actividades que te gustaría desarrollar en tu nuevo trabajo;

-tipo de vida que te gustaría llevar;

-salario deseado, paquete de compensación;

-tipo de gente y medio ambiente que prefieres;

-experiencias pasadas que te gustaría destacar y lo que aprendiste de ellas.

EL CORAZÓN DE LA ENTREVISTA

El viejo consejo "sé tú mismo" sigue siendo el mejor consejo para tener en mente cuando estés en la entrevista. La gente se puede meter en todo tipo de problemas al intentar pasar o pretender ser alguien que no es, y si tú obtienes un trabajo al ofrecer una imagen que no eres, será muy duro para ti y para la persona que te contrató al descubrir posteriormente cómo eres realmente.

Cuando pienses en ser tú mismo, concéntrate en "ser lo mejor de ti mismo". La aplicación de este pensamiento se extiende desde el traje que estás utilizando hasta ejemplos de tu experiencia profesional que quieres destacar en la entrevista.

Una entrevista es un breve periodo de tiempo en el cual queremos causar la mejor impresión posible a la persona que está enfrente de nosotros. Él no nos conoce: desconoce nuestro pasado, nuestros logros y realizaciones, Podemos haber sido el mejor en nuestra área o en nuestra compañía el último año, pero eso él no lo sabe. Tú quieres lograr una impresión positiva.

Por eso, preséntale todo lo bueno que has logrado y no lo malo. Hazlo con entusiasmo, no con duda; nadie niega que todos tenemos experiencias negativas o fracasos, pero en 30 o 45 minutos que puede durar la entrevista, no hay tiempo suficiente para hablar de todo, así que enfócate en lo positivo y ayuda a que el tono de la entrevista sea direccione hacia el lado positivo.

Si se te pide que ahondes en una experiencia negativa, falla o debilidad, hazlo pero termina de una forma positiva. Puedes, por ejemplo, mencionar qué lección aprendiste de esa experiencia y cómo te sirvió para corregir en el futuro situaciones similares; asimismo, puedes discutir una falla que más tarde la convertiste en un éxito o una debilidad que a veces te funciona como una fortaleza. Esta forma de pensar le comunicará al entrevistador que tú eres una persona positiva.

Si traes a la mesa algún aspecto negativo sé breve y vuelve a llevar la conversación hacia un aspecto positivo tan pronto puedas hacerlo.

Entre los aspectos negativos más tentadores está el hablar de jefes pasados y trabajos aburridos: mientras que lo que dices puede ser perfectamente cierto y justificado, escoge algo más de que hablar. Tú no quieres dar la impresión de que eres una persona negativa. Este tipo de actitud puede dejar en la gente la impresión de que ésa será la forma de hablar en el futuro de tu jefe o compañía.

Sin ser demasiado estricto al respecto, deberás tener tres o cuatro puntos clave que querrás tocar en la entrevista. Éstos pueden ser características de índole personal, habilidades que dominas o experiencias que te puedan dar un plus contra tus competidores y que te puedan ayudar a desarrollar mejor el trabajo para el cual te estás entrevistando. Tener en claro estos puntos en la mente desde antes de la entrevista te hará más fácil el incluirlos en la discusión.

Asimismo, debes tener en mente ejemplos específicos y anécdotas de tus experiencias profesionales que ilustren puntos importantes acerca de ti. Las generalidades son demasiado vagas para probar un punto. Por ejemplo, en lugar de decir solamente que tú puedes elaborar un proyecto de principio a fin, describe, por ejemplo mejor, cómo tuviste una idea acerca de una revista especial y lideraste el proyecto hasta verla publicada.

Cuando generalices acerca de tus cualidades de vendedor, describe como lograste vender más camisetas que ninguno de los del equipo de ventas había logrado vender. De cualquier forma, recuerda que en la entrevista probablemente tengas que traer a la mesa algún resultado que venga al caso pero en el cual no habías pensado, sencillamente porque la conversación se dirigió hacia allá.

La imagen que le estas dando al posible futro empleador puede verse altamente favorecida si en la entrevista te acompaña un genuino aire de entusiasmo en tus respuestas. Si estás compitiendo contra un grupo de candidatos que tienen poca o ninguna experiencia en el campo que te mueves, el entusiasmo puede ser un factor decisivo. Pero si no estás entusiasmado con respecto al nuevo trabajo, es muy difícil que muestres interés por él en la entrevista: una actitud de "si me lo dan, bien; si no, también" puede voltear la balanza en tu contra.

Si no conseguiste averiguar cuál era el perfil del puesto y cuáles son las habilidades que está buscando el entrevistador, ponte en sus zapatos e imagina qué tipo de persona contratarían para ese puesto. Cuando estén revisando tu currículo y hablando del pasado, enfócate en historias que demuestren flexibilidad, adaptabilidad, creatividad, iniciativa, liderazgo y responsabilidad. Éstos son atributos que la mayoría de los empleadores están buscando en la gente que quieren contratar; asimismo, te conviene dar ejemplos que demuestren progreso, crecimiento y logros.

Tómate el tiempo que necesites para contestar una pregunta, particularmente si es una pregunta difícil. Cinco o diez segundos pueden parecer una eternidad, pero es perfectamente aceptable tomarse el tiempo necesario antes de empezar a hablar; de hecho, tomarse unos momentos es preferible que contestar -a tontas y a locas- algo sin sentido que tiempo después preferirías no haber dicho. Si no estás seguro del significado de una pregunta repítela en voz alta o pregúntale si puede aclararla.

Ten en cuenta que puedes decir "no sé" en una entrevista, si no tienes la información requerida a la mano, o si simplemente no sabes la respuesta a una pregunta. Inclusive si te estás entrevistando con la competencia de la compañía donde trabajabas y te preguntan por cifras de ventas o cifras confidenciales, es de muy mal gusto y demuestra poca ética profesional el arrojar cifras o datos confidenciales a los cuales tenías acceso por tu posición. En lugar de eso es preferible decir qué prefieres no dar cifras o datos que consideras que son confidenciales, por tu ética profesional.

Aun cuando el entrevistador se muera de ganas por saber los datos confidenciales de la compañía rival y sientas terribles ganas de demostrarle que tenías acceso a información privilegiada, habla mucho mejor de un candidato el demostrar ética profesional. ¿Quién le dice al entrevistador que, si te contrata, no vas a darle los datos de la nueva compañía a la anterior? Algunas preguntas están hechas para hacerte tropezar y es más arriesgado inventar una respuesta que decir la verdad o, por ética profesional, abstenerte de dar información privilegiada.

Si sientes que cometiste un error, que dijiste algo que no debías, puedes corregirlo directamente. Puedes decir algo así como "quiero replantear mi respuesta a la pregunta anterior"; esto puede ser de particular importancia, ya que si no estás a gusto con algo que dijiste, esa idea no te va a dejar continuar con la entrevista en paz.

Si estas siendo entrevistado por más de una persona, asegúrate de dirigirte a todas las personas en el cuarto cuando estés respondiendo las preguntas, aun si una de las personas es la que está haciendo la mayor parte de las preguntas o si los entrevistadores se están alternando las preguntas. Es político y muy profesional el mantener contacto visual con cada una de las personas que te están entrevistando.

Comunicar información acerca de ti mismo es tu obligación, no es el trabajo del entrevistador estar escarbando a ver que sale. El entrevistador muchas veces avisa que la entrevista ya se terminó diciendo si tienes alguna pregunta. Si sientes que no se tocaron ciertos puntos clave para ti, toma la iniciativa y di "antes de pasar a las preguntas quisiera mencionar un par de puntos que creo que valen la pena".

Debes estar seguro de que si te preparaste para la entrevista hay pocas probabilidades de que te sorprendan con alguna pregunta. Por supuesto, existe la posibilidad y, también el hecho de que algunos entrevistadores tratarán de sorprenderte, pero esas experiencias son los menos. Si eso llegara a ocurrir, trata de permanecer calmado, ya que puede ser simplemente una prueba de tu compostura.

Es natural sentirse nervioso antes de una entrevista, pero tu meta es eliminar el nerviosismo innecesario preparándote a fondo. Dormir lo suficiente la noche anterior, tomar un desayuno ligero y calcular el tiempo suficiente para llegar a la cita, son factores que pueden tener, en conjunto, un efecto muy positivo en tu autoconfianza. Recuerda que, si puedes disfrutar de la entrevista realmente, podrás comunicar autoconfianza y energía positiva.

-Capítulo 6-

ENTREVISTAS DURANTE UNA COMIDA

Es raro que una primera entrevista suceda en una comida. Es mucho más común que esto suceda en las segundas entrevistas; pero no siempre, en cualquier caso, si estás teniendo una cita en una oficina y ésta se continúa en la comida, recuerda que estas siendo entrevistado en ambos sentidos. Lo que tú digas y hagas estará siendo supervisado desde que saludes hasta que te despidas.

Un par de consejos te hará esta comida menos estresante .Si tienes dudas acerca de los modales en la mesa, púlelos con libro de etiqueta especializado en ello. Ordena algo que sea fácil de comer, mantente lejos de platillos con los que puedas ensuciarte, y ten mucho cuidado con la comida que exige que la comas con las manos. Lo que necesitas es comida que puedas llevarte a la boca en pequeñas porciones sin derramar nada.

Sigue el ejemplo de tu anfitrión en cuanto a platos y artículos que ordena. Puedes, inclusive, preguntar qué es lo que te recomienda él, y así te puedes dar una idea de qué es lo que le gusta ordenar. Pide platillos en el mismo renglón de precios o inclusive menos: no tengas el mal gusto de pedir lo más caro del menú. Si los otros están pidiendo botanas para empezar puedes hacer lo mismo. Y si nadie pide postre, abstente de pedirlo.

La mayor parte del tiempo, no es aconsejable pedir alcohol en una entrevista. Si estás en una cena o en una recepción donde sirven vino y tus anfitriones están tomando una copa, puedes pedir una para ti con el fin de ser

Sociable, pero no te lo bebas todo. Inclusive una pequeña cantidad de alcohol puede empañar tus decisiones y tu juicio.

Estate listo para responder algunas preguntas durante la comida, o terminarás con un plato lleno de comida cuando los otros ya están listos para el café. Déjalos hablar a ellos también, ya que la comida puede ser una buena opción para preguntarle a tus anfitriones acerca de su carrera en la compañía y obtener algo de información para ti. Pase lo que pase, recuerda ¡nunca hablar con la boca llena!

LOGRANDO UNA BUENA IMPRESION

Muchos entrevistadores admiten que ellos forman para sí la impresión del candidato en los primeros cinco minutos de la junta. ¿Qué nos ayuda a dar una buena primera impresión? Un saludo firme, contacto de ojos sostenido, una sonrisa amable, buena postura y presentarnos de una forma relajada y confiada.

Para hacer una buena primera impresión debes llegar a tiempo, y si esto significa salir una hora antes porque no estás seguro del tráfico, de la disponibilidad de lugar de estacionamiento o la dirección en sí, ¡hazlo! Siempre podrás encontrar un café o un lugar donde matar el tiempo que te sobre y puedes utilizar el tiempo para repasar algunos puntos. Es muy recomendable llegar al menos diez minutos antes al lugar de la cita.

Algunos puntos básicos acerca de tu presentación aunque puedan sonar repetitivos: una buena apariencia profesional es esencial. Decide con tiempo qué vas a llevar a la entrevista, dándote tiempo suficiente para enviar el traje a la tintorería si es necesario. Y si tu traje es nuevo, úsalo al menos una vez antes, asegúrate que todos los botones y cierres funcionan correctamente, ya

Que no querrás estar arreglando algo justo antes de salir para la entrevista. Lo que necesitas es sentirte a gusto y confiado con lo que vas a utilizar.

Una buena forma de determinar qué puede ser un atuendo correcto es observar qué utiliza la gente en tu campo de trabajo.

Es importante que tengas en cuenta que -tanto hombres como mujeres- deben de considerar normalmente el utilizar traje en un color conservador. En áreas creativas probablemente puedas considerar utilizar elegancia casual, pero normalmente es más seguro apostar por el lado conservador.

El cabello largo deberá estar sujeto para las mujeres con una diadema o cola de caballo, y si es demasiado largo deberá estar sujeto hacia atrás. En hombres el cabello largo no es recomendable: es mejor un buen corte de cabello y rasurado.

En todos los casos deja en tu casa las corbatas exageradas, joyería demasiado ostentosa, perfumes y lociones demasiado fuertes y la goma de mascar (trata inclusive de no comer nada antes de la entrevista, para evitar cualquier residuo de comida entre los dientes). Una menta o espray bucal cinco minutos antes de entrar puede ser muy recomendable.

En síntesis:

Hombres: Traje de estilo conservador, oscuro, con camisa blanca de manga larga bien planchada. La corbata combinando con el traje. Pero evita los decorados muy llamativos en la corbata, porque la entrevista no es el momento correcto de probar qué tan individualista eres.

Mujeres: Ropa conservadora de trabajo, traje sastre. Faldas largas de noche no vienen al caso. Evita usar demasiada joyería

Y maquillajes exagerados, y olvida las uñas demasiado largas. Los colores del barniz deben de ser suaves y moderados.

Ambos en general: Evitar usar perfumes muy escandalosos y en demasía. El cabello se debe llevar bien arreglado y peinado, y los zapatos deberán estar limpios y haciendo juego con el traje

Una entrevista no es un concurso de belleza, pero la forma en que vistes y tu apariencia general será notada por el entrevistador. No le des la oportunidad de descartarte porque tu imagen es desaliñada o sucia, vístete como un profesional para ser tratado como uno.

Deberás de llevar siempre copias extras del currículo de entrevista, algo en qué tomar nota y pluma para escribir. Un portafolio costoso no es necesario; es más, mientras más pequeño y delgado sea el portafolio, mejor.

Puedes considerar, inclusive, llevar artículos que puedan apoyar tu entrevista, como artículos publicados, muestras del trabajo publicitario, programas de software, fotos de aperturas de tiendas, videos. Deberás estar dispuesto a dejar lo que lleves si el entrevistador lo considera necesario, así que asegúrate de llevar copias de buena calidad.

-Capítulo 7-

PREGUNTAS DE LOS ENTREVISTADORES

Con el fin de obtener algo más que generalidades del candidato, los entrevistadores te harán preguntas acerca de tu pasado, de tus logros, de cómo te desenvuelves. En muchas de estas situaciones no hay respuestas buenas o malas, sino que el entrevistador está buscando definir cuál es tu perfil y si puedes cubrir la vacante que él tiene. Como mencionamos al principio, no hay una respuesta matemática como dos y dos son cuatro: aquí las respuestas son de carácter y varían de persona a persona. Lo mejor que puedes hacer es ser honesto y contestar sobre las situaciones de la forma en que tú las resolverías, pero siempre dentro de una línea objetiva y enfocada a dar resultados. Algunas de estas preguntas son, por ejemplo: "platícame de algún evento donde hayas demostrado iniciativa", "describe un ejemplo de tus habilidades como líder" o "cuéntame alguna experiencia que hayas tenido trabajando en un equipo en el que hayan surgido problemas interpersonales, cuál fue tu rol, como lograron resolverlo..."

Los entrevistadores asumen que tus respuestas a este tipo de cuestiones les pueden revelar datos interesantes acerca de ti y pueden ser la guía de cómo te comportaras en el futuro en situaciones similares. Es en estas respuestas en las que ellos tratan de ver si tu perfil encaja con el puesto que ellos tienen y la expectativa que sostienen para el mismo. Dentro del marco de la honestidad debes también razonar tus respuestas: si te están preguntando cuáles son tus planes a futuro y tú les contestas que estás planeando poner tu propio negocio en seis meses, al entrevistador le estás mandando el mensaje que sólo te

Interesa temporalmente el empleo, y que no tienes intención de hacer carrera en la compañía. Y lo más probable es que él busque un candidato que desee crecer con la compañía.

Algunos entrevistadores te pedirán que te pongas en determinada situación asumiendo un rol especifico, como por ejemplo, que imagines que eres el Director de Mercadeo y el Vicepresidente te presenta un tipo X de problemas ¿cómo lo resolverías, de qué forma atacarías el problema? Las variaciones por supuesto son infinitas y dependen de tu carácter y tu experiencia. Recuerda pensar un momento o dos antes de dar una respuesta, ya que lo que digas es tomado -como decíamos- como posible regla de comportamiento.

PREGUNTAS COMUNES DE LOS ENTREVISTADORES

-Háblame de ti mismo.

-¿Cómo te describirían tus amigos?

-¿Qué te hace diferente de otros candidatos a este puesto?

-Describe el logro del cual estés más orgulloso.

-¿Por qué deberíamos contratarte?

-¿Qué fortalezas y atributos traerías tú a este puesto?

-¿Cuáles son tus planes a cinco años?

-¿Por qué estás en este campo o ramo?

-¿Qué te interesó de esta compañía?

-¿Qué crees tú que se necesita para triunfar en este ramo?

-¿Qué otros trabajos estas considerando?

-¿En qué tipo de medio ambiente te desenvuelves mejor?

-¿Con qué tipo de gente te gusta trabajar?

-¿Qué tipo de tareas y responsabilidades te motivan más?

-¿Cuál sería tu trabajo ideal?

-¿Tienes preferencia por alguna ciudad en especial?

-¿Estarías dispuesto a viajar?

-¿Platícanos qué has aprendido de tus trabajos anteriores?

-¿Qué te desagradaba más de tu trabajo anterior?

-¿Qué es lo que crees te gustaría menos de esta compañía?

-¿Cuál consideras tu mayor debilidad?

-¿Haz fallado en algo?

-¿Cuáles han sido tus retos más grandes?

-¿Por qué te quieres cambiar de trabajo?

-¿Cuáles son tus hobbies y ocupaciones fuera del trabajo?

-Si tuvieras seis meses sin obligaciones ni preocupaciones financieras, ¿qué harías?

-Si pudieras invitar a cualquiera a una cena (figuras famosas o personajes históricos), ¿a quién invitarías?

-Si pudieras cambiar lugar con alguien, ¿con quién lo harías?

-¿Qué periódicos o revistas lees regularmente?

-¿Qué puedes decirme que no esté en tu currículo?

-¿Tienes algo más que decir?

-¿Tienes alguna pregunta que hacer que haya quedado pendiente?

TUS PREGUNTAS AL ENTREVISTADOR

Para muchos, la parte de "tienes alguna pregunta" es la parte más temible. De nuevo, la preparación es la llave para reducir el miedo. Una lista de preguntas sencillas que prepares acerca de las dudas que tengas te puede servir perfectamente.

Es un hecho que deberás tener algunas dudas sobre el puesto o la compañía; si no es así, esto puede demostrar falta de interés de tu parte hacia el puesto o la compañía en sí. Muy probablemente no sea una pregunta inocente y sencilla por parte del entrevistador. Usualmente es otra forma de medir tu interés en la organización, tu conocimiento del campo, tu madurez, tu profesionalismo y tus habilidades de comunicación.

Con el fin de que estés seguro que tienes un buen par de preguntas que hacer, debes preparar más de dos, ya que el entrevistador puede contestar una de tus preguntas durante la entrevista y tú no quieres que te agarren corto. Para evitar un lapsus de último minuto, puedes escribir al menos cinco preguntas, ordenándolas de acuerdo al orden de importancia

Puede parecer obvio, pero asegúrate de hacer preguntas de las que quieres realmente obtener las respuestas, de otra forma, tus preguntas pueden sonar falsas o vacías.

Una guía general de cómo proceder, puede ser, empezar por una pregunta general y luego ser más específico. Es muy importante considerar quién va a contestar tus preguntas. Tú obviamente no quieres hacerle la misma

Pregunta al director de Recursos Humanos que a un gerente del área a quién le preguntarías, más bien, sobre situaciones más operativas

No es muy recomendable hablar de sueldo, vacaciones, y beneficios hasta que te hayan ofrecido el puesto. Ya habrá tiempo suficiente para entrar a detalles y negociar cada punto posteriormente: si te hacen la propuesta concéntrate en saber más acerca del puesto y la cultura de la organización

LA SEGUNDA ENTREVISTA Y POSTERIORES

La mayor parte de lo que sirvió para la primera entrevista te servirá para las posteriores, dado que normalmente estarás conociendo o siendo entrevistado por otras personas de la misma compañía y para ambos será la primera vez. La gran diferencia va a radicar en el nivel de conocimiento y entendimiento que irás tomando de la organización.

Una buena regla para ir conociendo tú también a tus entrevistadores, es utilizar la "regla de las cuatro C": Compañía, Costos, Competencia, Clientes.

Como regla para las entrevistas, siempre procura llegar a tiempo y -aun cuando ya hayas tratado a tu interlocutor- presentarte de forma propia y cortes, procurando que tu saludo sea firme. Dentro de la entrevista escucha con atención, usa tu lenguaje corporal para demostrar interés, sonríe, asiente, haz comentarios de vez en cuando, demuestra interés en la plática, si no te queda claro pregunta por la siguiente parte del proceso, agradece a tu interlocutor, y - si cuentas con la tarjeta de presentación o básicamente el e-mail- puedes enviar una nota de agradecimiento.

SEGUIMIENTO

Antes de dejar la entrevista tienes que dejar muy claro cuál sería el siguiente paso. Normalmente el entrevistador te dirá que ellos se comunicarán contigo, pero -si ellos no dicen nada al respecto-, tú deberás preguntar ¿cuál es el siguiente paso y cómo procedemos a partir de aquí? O ¿cuándo puedo esperar tener una llamada de ustedes?

Saliendo de la entrevista y tan pronto como te sea posible, toma nota de todo lo que sucedió.

Esto es particularmente importante si estas manteniendo varias entrevistas y tú no te quieres confundir con los detalles. Esta información se vuelve crucial al asistir a posteriores entrevistas. Asegúrate de anotar lo que aprendiste de esta compañía y del campo en que se mueve, así como las impresiones que te causó la gente con la que estuviste, qué responsabilidades quedaron pendientes -como la llamada de seguimiento, si quedó una fecha estimada. Si no recibiste tarjetas de presentación de todos ellos, puedes llamar a la compañía cuando llegues a casa y apuntar sus nombres y puestos correctamente, para tenerlos a la mano si es necesario.

Recuerda que es muy deseable que les envíes lo más pronto posible una nota de agradecimiento (inclusive puedes enviar un e-mail). Esta nota deberá ser breve y concisa, y su función es expresar tu agradecimiento, reconfirmar tu interés en el puesto, subrayar cómo tus habilidades y experiencias pueden cubrir las necesidades que deben cubrir, y demostrar que eres una persona proactiva y positiva.

-Capítulo 8-

COMO CONSEGUIR LA ENTREVISTA

El conseguir la entrevista es la parte más interesante e ingeniosa del proceso. Todo cuenta aquí: tu disposición mental, el currículo, el prepararse para la entrevista; en fin, todo suma. Pero el proceso para obtener la cita lleva dos grandes apartados: Imaginación y Decisión. En este capítulo vamos a brindar varias de las formas que -de acuerdo a la experiencia compartida con Directores de Recursos Humanos, Dueños de Empresas y Head Hunters- han sido las vías más acertadas para obtener una entrevista. Eso entra en la parte de la Imaginación, y en el renglón de la Decisión entras tú. Nosotros podemos brindarte toda la ayuda posible, pero si tú no estás decidido a hacerlo, no podemos hacerlo por ti. Sin embargo, si lo tomas con optimismo te puedes divertir en el proceso y la recompensa es grande. ¿Qué tan grande? Puede significar un puesto elevado y una buena situación económica en los próximos años.

FUERA PREJUICIOS Y FALSA MODESTIA

Decía un Director de Recursos Humanos en una plática acerca de las entrevistas de trabajo: "si tu no hablas bien de ti, ¿quién?". El obtener una cita es como vender uno de los mejores productos al mejor precio, y el producto que estás vendiendo eres tú. ¿Hay acaso un producto más importante que ese? Y el mejor precio que le puedas conseguir impactará mes a mes en tu bolsillo, así que hay que prepararnos mentalmente para vender ese gran producto. Debemos dejar de lado los prejuicios (¿y si no me la dan?, ¿y si me la niegan?

etc.), porque no sabemos lo que no sabemos. ¿Cómo podemos saber que no nos van a dar la entrevista hasta no probar? Eso es un hecho

Además, debemos dejar de lado una falsa modestia, como el decir "bueno, realmente no soy tan importante", o del pensar, "debe haber otros mejores que yo". Eso es incorrecto, porque para ganar hay que pensar como ganador, no hay de otra. Primero te tienes que convencer a ti mismo para poder convencer a otros, y si no estás convencido de ti, primero trabaja en eso. En el momento en que estés seguro de ello te será más fácil convencer a otros.

Ve a tus amigos hablando -por ejemplo- de sus autos: el que está convencido de que el suyo es el mejor te habla con pasión y exaltación, te enumera sin problemas sus virtudes, te echa en cara el buen precio que consiguió por él. Imagínate ese mismo caso pero hablando de ti, de tus virtudes, de todo aquello por lo que tú eres la mejor opción, porque en el momento en que estés convencido te será fácil vender el mejor producto: TU.

JUEGO DE PORCENTAJES

La búsqueda de empleo es un juego de porcentajes. Extrapolemos un ejemplo: si entraras en una rifa o sorteo que tuviera cien boletos y tú compras uno, tus posibilidades sin entrar en grandes cálculos serían de uno entre cien. Ahora bien, si compraras cincuenta boletos tus posibilidades serian del cincuenta por ciento. ¿Qué nos dice esto? Que para conseguir un buen empleo tienes que tomar las cosas en serio y a fondo. Tiene que ser un trabajo sistemático y tienes que tener las mayores probabilidades de tu lado, pero también tienes que hacer tantos intentos como te sea posible, y uno más.

APOYATE EN TUS AMIGOS

Avísales qué estás buscando trabajo, entrégale al menos un currículo a cada uno de ellos; habrá algunos que te dirán que tu ramo no es su área. Pídeles que se lo den a algún amigo de ellos que esté en ese ramo o que lo haga llegar a alguien que pueda estar interesado. Como las semillas en el campo, no esperes que todos tus currículos terminen en una entrevista. Pero para lograr una en cien tienes que mandárselo a cien personas. Si tú tienes diez amigos y cada uno de tus amigos tiene diez amigos, tus posibilidades se fueron a cien. Dale seguimiento de una forma cortés pero sistemática, para saber a dónde fueron a parar tus currículos con tus amigos.

En este sentido tienes una gran ventaja: estas iniciando con amigos tuyos, que sienten un lazo afectivo hacia ti, lo cual te ayudará de entrada. Muchas de las mejores ofertas de trabajo no llegan a la calle, se quedan entre amigos. Eso es un hecho.

HEAD HUNTERS

El Head Hunter o Busca Talentos, es un profesional del ramo que se dedica a vender Candidatos y le pagan bien por ello. Dependiendo del candidato que venda o coloque, ellos le cobran a las compañías una buena tajada de lo que tú negocies. Así que con ellos no tengas ninguna pena: ellos cobran por los servicios, y si tú obtienes trabajo ellos se llevan una buena parte así que de alguna forma a ellos les conviene que tú consigas el empleo.

Haz una lista de los HH que tú conozcas, su dirección, contacto, teléfono e e-mail. Habla con tus conocidos, pídeles que por favor te recomienden alguno que ellos conozcan. Pide el teléfono, actualiza sus datos y guárdalos en tu lista de HH. Abre la sección amarilla y apunta los que haya

Disponibles, entra a Internet y busca en Google los HH en tu área geográfica el buscador de Google puede ser una increíble herramienta para ti. Recopila los mas que puedas, en este momento no puedes saber si son buenos o malos, todo lo que sabes es que son HH. Si manejas Excel haz una lista e imprime etiquetas con los nombres y dirección de cada uno de ellos, si no lo manejas, hazlo a mano.

Una vez recopilada la lista, elabora un currículo de entrada (recuerda que primero debes llamar su atención) y envíaselo a todos y cada uno de ellos, aun cuando no los conozcas o no te lo hayan pedido. Recuerda que a eso se dedican y si ven una oportunidad de vender un candidato lo harán.

Puedes enviar tu currículo con una sencilla carta de presentación: a ti lo que te interesa es que vean quién eres y qué es lo haces, y eso ya viene en el currículo de entrada. Si ellos tienen una vacante en una posición similar a la que tú pretendes, te hablarán y concertarán la entrevista para ver si eres material vendible (suena fuerte pero así es, recuerda que ellos venden candidatos a las empresas así se ganan la vida). Si no la tienen en ese momento, muy probablemente te archivarán para ver si te pueden utilizar en un futuro.

Lo importante es entrar en cartera, que sepan que existes, quien eres y qué haces, para que el día en que uno de sus clientes le solicite un Contralor o un Director de Compras, un Gerente de ventas etc., ellos te tengan en su cartera. Normalmente, los HH andan en búsqueda de candidatos, viendo en las empresas afines a la de sus clientes. Tú lo que estás haciendo es ahorrarles el trabajo.

AREAS DE RECURSOS HUMANOS

El director de Recursos Humanos es también un profesional en el área de contrataciones (entre otras funciones), pero a diferencia del HH, él sólo se aplica a las necesidades de la compañía para la cual trabaja, y -aun cuando no recibe directamente una compensación por los candidatos que contrata- sus resultados se miden de acuerdo a la correcta cobertura de las vacantes que se generen en la compañía.

En este sentido, también nos interesa que el Director de Recursos Humanos o su similar en esta compañía sepa de nuestra existencia, por eso es tan importante el currículo de entrada. Este currículo está diseñado para captar la atención de nuestro objetivo en menos de cinco segundos, que es todo el tiempo que dispondremos con un entrevistador ocupado como puede ser él.

En el 90% de los casos, la situación es esta: quien sea que reciba un sobre bien rotulado –ya sea el director de Recursos Humanos o su secretaria-, al abrirlo notará obviamente que es un currículo. En ese momento su mirada dará una ojeada rápida. Si tiene ante sus ojos el currículo de entrada, éste le dirá, rápidamente, que la persona del currículo es -por ejemplo- un gerente de ventas con ciertas habilidades. Es en ese momento donde hace clic o no. Si le hace clic lo turnará a alguno de sus subordinados para averiguar más, o lo enviará al área correspondiente para ver si les interesa. De no hacer clic, el currículo acabará con la secretaria o asistente en el archivo. No dejaremos de insistir en este punto: lo importante es llegar ahí, que la gente involucrada sepa que existes.

¿Cuantos currículos habría que mandar a las compañías?

Yo diría que a todas las que te interesen por su campo y especialidad. Es

Muy importante adaptar el currículo de acuerdo a la compañía, ya que cada una tiene sus particularidades especiales y están buscando con cualidades específicas. El adecuar el currículo no es mentir, es simplemente resaltar los hechos y habilidades que le pueden interesar a esa compañía en específico. Recordemos, además, que sólo contamos con unos pocos segundos para captar su atención, y si desperdiciamos el tiempo con información inútil ante los ojos de esta persona, pues nos estaremos condenando solos.

Ahora bien, es práctica común entre los Directores de Recursos Humanos el turnarse los candidatos que llegan a su conocimiento y que les resultan de interés, pero para los cuales no tienen una posición disponible en ese momento. Esta es la situación por la cual ellos ponen a disposición de otras compañías -con las cuales tienen este tipo de arreglos- los currículos que llegan a sus manos y que no pueden vincular a una vacante o posición en ese momento. Es por esto que no debe sorprendernos el haber enviado el currículo a una compañía y recibir una llamada del área de Recursos Humanos de otra distinta

Para investigar acerca de una compañía que te interesa, puedes empezar por leer la literatura promocional que tengan, como páginas de Internet, y -si estas en el medio- averiguar qué opinan los proveedores de ella.

Independientemente de la posición que a ti te interesa, trata de obtener un perfil de la organización en general, así como el averiguar cómo encaja esa posición en la estructura general de la empresa

AVISOS CLASIFICADOS

Los avisos clasificados (Aviso de Ocasión, Aviso Oportuno, Ofertas de trabajo en cualquier publicación en general) pueden ser una muy buena fuente de

Información y recursos, pero definitivamente hay que aprender a diferenciar los anuncios que son basura y trampas de agencias de colocación (muy diferentes de lo que es un HH) y los anuncios que pueden representar una mina de oro en nuestro favor.

¿Dónde buscar? Existen en cada ciudad periódicos que son famosos o notables por sus anuncios clasificados. Asimismo, hay revistas donde te puedes anunciar gratuitamente; sin embargo, recomendamos el empezar por los avisos que no son gratuitos. Las compañías que pagan por un clasificado normalmente buscan que sea preciso y llevan una metodología para filtrar orientada a que sólo les interese a los candidatos idóneos para ellos. Amén de estarlos publicando porque existe una vacante real, en las publicaciones gratuitas, como no cuestan, se cuelan cantidad y cantidad de anuncios obscuros y generalizados que hacen perder mucho tiempo.

Empieza por los anuncios corporativos o de empresas que lo avalan con su logo y nombre. Si la empresa corresponde a tu campo de acción, toma los datos de la persona de Recursos Humanos a la que hay que contactar, teléfonos y correo electrónico, así como dirección física a donde hay que mandar los datos o currículo. Haz esto aun cuando la vacante que estén publicando no sea de tu área, porque lo que necesitas es ver a dónde enviar el currículo. Hablando al teléfono puedes checar el nombre del Director de RH o Gerente encargado y enviar tu currículo a esa área: normalmente se lo debes de dirigir al Director para que este lo turne al área correspondiente, porque si lo envías a la encargada de reclutamiento y está buscando una posición específica, y el tuyo no corresponde a esa área, ella lo desechará muy probablemente, ya que carece de la perspectiva del Director.

Evita los anuncios que traen 5 o 10 vacantes totalmente distintas sin

Logo corporativo. Estos normalmente son de agencias de colocación, que solo están "pescando" para ver quien cae en sus redes y venderles un servicio de, que como solo buscan el cobrar su cuota normalmente por adelantado, terminan en búsquedas frustradas o citas inútiles de cajón. No hay que confundir estas agencias con despachos de Head Hunters. Son cosas totalmente distintas.

BOLSAS DE TRABAJO

Existen bolsas de trabajo en cámaras y asociaciones, así como en Internet, e inclusive ciertos periódicos las manejan. La situación de las bolsas de trabajo vía internet ha cambiado mucho de hecho se ha vuelto un recurso muy útil para las personas que están buscando trabajo, han tenido tal éxito que prácticamente todas las principales bolsas de trabajo tienen representación en la mayoría de las Ciudades importantes

Es conveniente el colocar el currículo de entrada en estas bolsas de trabajo, manejándote normalmente como candidato confidencial; así, quienes deseen mayores datos tendrán que llamar a tu celular, a un teléfono de confianza o una dirección de Internet particular.

Si no tienes empleo no hay mayor problema y te dará mucha exposición sin embargo si actualmente tienes empleo y lo que estás buscando es cambiar de empleo tienes que ser cauteloso ya que estarás a la vista de cualquier compañía que este en búsqueda de un Ejecutivo evita dar los números de tu compañía actual o dirección de correo electrónico de la oficina, porque no sabes quién pueda ver el correo o tomar la llamada, y -si la persona que te está contactando no es un profesional- te puede meter en problemas con tu compañía actual al no ser discreta y cauta.

Algunas de las más populares son

www.monster.com

www.zonajobs.com

www.occ.com

www.Bumeran.com

Sin Embargo basta con que entres a Internet y elabores una búsqueda de Bolsas de trabajo en tu ciudad para que tengas acceso a una lista más personalizada de ellas usualmente el alta para los candidatos es gratuita mientras que para las empresas tiene un costo por lo que te puedes dar de alta en cuantas bolsas consideres, comienza por las más populares que son las que más visitan las compañías.

-Capítulo 9-

EL AUTOEMPLEO: ¿UNA ALTERNATIVA PARA TI?

¿Cuántas veces, navegando por Internet, nos habremos encontrado con frases del tipo "trabaje desde su casa", "sea su propio jefe", "hágase rico con Internet" o "gane dinero mientras duerme"? ¿Cuántas veces soñamos con poder decidir sobre nuestro trabajo? En este capítulo veremos por qué mucha gente adopta ciertas alternativas para tener ingresos extras, para subsistir al ser despedido, o para conseguir el estilo de vida que desea.

¿POR QUÉ OPTAR POR EL AUTOEMPLEO?

A estas alturas ya te habrás formado una cabal idea de cómo enfrentar tu destino y cambiarlo. Este capítulo no pretende ofrecerte posibilidades específicas de autoempleo, sino demostrarte que es una alternativa que miles de personas están eligiendo. Si eres una persona emprendedora seguramente no necesites pensar mucho para concluir en que una muy buena opción es el autoempleo, no solo como forma de sustento temporal en un momento de crisis o desempleo, sino también como un estilo de vida en el cual se puede alcanzar lo que se desea (ya que a los grandes límites los ponemos nosotros mismos). Si tienes dudas porque consideras que no eres emprendedor, pero sí sabes que tienes necesidad de independencia -así como necesidad de ingresos-

Y sabes que puedes tomar iniciativas, que eres una persona reflexiva y comunicativa y que –por sobre todo– no estás conforme con tu situación actual y una vida rutinaria y limitada, hazte estas preguntas orientativas (y presta atención a las respuestas):

-¿Qué debo hacer? Buscar una habilidad y/o una actividad productiva con la cual me sienta cómodo/a.

-¿Por qué lo debo hacer? Para ganarme el sustento desde mis posibilidades.

-¿Con quién lo debo hacer? Solo/a o asociándome a familiares- amigos (entorno inmediato)

-¿Cómo lo debo hacer? Organizando los recursos, distribuyendo roles (si trabajo con otras personas) y trazando un plan personal de trabajo, ya sea con lineamientos totalmente propios o con guías pertenecientes a la empresa a la cual me asocio (en el caso del sistema multinivel)

-¿Para qué lo debo hacer? Para auto gestionarme y alcanzar la libertad financiera.

Un amigo solía decirme: "debes dejar ese empleo que te da tanto estrés. Lo único que te hace falta es sentirte capaz de hacerlo. ¿Has pensado en el autoempleo?" Yo no tenía otros ingresos de dinero que no fueran los de mi trabajo de oficina, y realmente estaba enloqueciendo entre la rutina, la presión de los jefes y la economía de guerra que debía mantener para subsistir hasta finales de mes.

Después de darle muchas vueltas al asunto, de pensar alternativas, de

Superar las ideas de que los que tienen dinero lo obtuvieron mediante herencia o formas ilegales (y que las excepciones son unos pocos elegidos) y, por sobre todo, cuando logré abandonar el terrible miedo al fracaso, me di cuenta que puedes montar tu propio negocio. Sin una gran inversión ni fórmulas mágicas, sólo animándote a hacerlo.

Hay mucha gente que ha estado en situaciones pasadas similares y han encontrado una salida en el autoempleo. Muchos lo utilizan como una manera de generar ingresos extra, y otros logran alcanzar la independencia económica y el control sobre la vida propia.

¿QUÉ ES EL AUTOEMPLEO?

Si hablamos de autoempleo, tenemos que convenir en que éste implica realizar una actividad laboral por cuenta y riesgo propios. Por eso, ligamos directamente a este término a la palabra "emprender", que en este caso consiste en acometer y comenzar una obra, un negocio o un proyecto. La unión de estos dos conceptos se plasma cuando entendemos el autoempleo como emprender una actividad realizada por cuenta propia, con el objetivo final de crear una unidad de negocio rentable.

Muchos dirán que "emprender", en este escenario de crisis económica, en el cuál tener una profesión ya no nos asegura trabajo, es muy difícil. Pero,

¿qué significa ser emprendedor?, ¿los emprendedores nacen o se hacen?,

¿Cuáles son las características personales del emprendedor?, ¿cuáles son las ventajas y desventajas del autoempleo?, ¿tendría éxito si decido crear mi propia empresa? Muchas personas se hacen estas preguntas cuando piensan en la posibilidad de establecerse por su propia cuenta a través de la fórmula del autoempleo a saber estas son algunas de las mejores alternativas.

-Freelance: es un profesional que presta sus servicios a una empresa, de manera externa; es decir, funciona como microempresa. Si bien esta actividad requiere de la creación de una red de contactos que favorezcan sus oportunidades y su presencia en el mercado, y a la vez ampliar los sectores de esta actividad, sus ventajas son la mayor flexibilidad que otorga, la gran independencia, y el hecho de obtener más ganancias de las que obtendría como trabajador de la empresa.

-Teletrabajo: en este caso, el trabajador no concurre a la empresa; es decir, realiza su trabajo en su casa o en cualquier lugar que no sea la empresa. Esto significa un importante ahorro de tiempo en los desplazamientos, de los costes fijos de la empresa, y cierta flexibilidad empresa/trabajador. El inconveniente que podría presentar esta actividad es que, al perder el contacto con otros compañeros –con el consecuente rompimiento de la cultura empresarial-, puede disminuir la motivación.

-Trabajo autónomo: es una persona que decide trabajar por cuenta propia, dándose de alta en el régimen especial de trabajadores autónomos. Los que elijan esta alternativa tienen que saber que es la opción más económica para independizarse, pero también tener bien en claro que, si surgiera algún problema, deben responder con sus bienes particulares, y que además no tienen derecho al seguro de desempleo.

-Trabajo asociado: es aquel en el cual se decide trabajar junto a otras personas para sacar adelante la propia empresa. Para que funcione, deben clarificarse lo suficiente las funciones que cada uno ocupa y poseer capital inicial para poner el proyecto en marcha. Las

Ventajas son que no se responde con capitales particulares sino de empresa, y que al existir varios socios las funciones pueden distribuirse sin problemas.

-Franquicias: es la forma de autoempleo menos arriesgada, pero es la que termina acercando al trabajador al rol de empleador clásico, volviendo a la vieja fórmula. Consiste en un sistema de colaboración entre una primera empresa, que es la empresa matriz (franquiciador) y otras muchas futuras empresas (franquiciados), por medio del cual el franquiciador cede la marca, producto o servicios a los franquiciados. En esta actividad, si bien el franquiciado tiene que disponer de ciertos recursos iníciales y respetar las acciones globales del franquiciador, su trabajo está protegido por toda la red, en tanto dispone de una experiencia probada, una forma de hacer las cosas, y una imagen de marca de peso.

Pero además de estas alternativas, seguramente podríamos encontrar otras que estén en mayor o menor medida alejadas de la clásica relación empleado-empleador, ya sea la tan instaurada venta por catálogo, o siendo consultor especialista.

Un capítulo aparte merece hablar del sistema de ventas multinivel y de las infinitas posibilidades que ofrece Internet —avalados por gurúes populares de los negocios, como Kiyosaki-, ya que permite tener al alcance de la mano (y prácticamente sin inversión económica) una inmensa red global dispuesta a participar en el intercambio.

Es muy importante tener bien en claro que elegir el autoempleo, en cualquiera de sus variantes, depende de la propia voluntad y motivación. De

Cualquier forma, trabajar en un negocio propio te permite trabajar en la actividad que tú realmente quieres, con el equipo de gente que necesitas, y además, puede ser un medio de ganarte la vida y triunfar. Hay que tener en cuenta que cuando uno decide ser su propio jefe existen más responsabilidades y no suele haber horarios, pero también suelen encontrarse más satisfacciones. Lo fundamental es tener iniciativa para buscar oportunidades –o para detectarlas- y voluntad para afrontar los problemas.

Si tienes en cuenta todo esto, concluirás en que cualquier persona puede crear una nueva empresa o trabajar por cuenta propia. No niego que lo más difícil es mantener esa empresa en el tiempo y conseguir que sea rentable, para alcanzar la autonomía que tanto deseamos. Por eso lo importante es perderle el miedo al autoempleo, pero no el respeto.

Considero que la clave está en tener una buena idea de negocio, hacer un plan de empresa y cumplirlo. Cada persona simplemente debe elegir la forma de autoempleo que mejor responda a sus intereses e inquietudes profesionales –esto es muy importante-, ya que para desarrollarlo sólo necesita reconocer oportunidades, la capacidad de asumir riesgos, la persistencia ante la adversidad y la confianza en uno mismo.

-Capítulo 10-

CÓMO MANTENER EL TRABAJO

Las diferentes circunstancias laborales que nos tocan vivir suelen servirnos para ampliar nuestras capacidades o colocarnos en situaciones difíciles que incluso pueden derivar en una pérdida del empleo. Es un hecho que con las mismas herramientas y en las mismas circunstancias dos personas pueden reaccionar de forma distinta y, mientras que a una de ellas le funciona como peldaños para lograr sus ascensos, a otras nos puede llevar a la pérdida del empleo.

El alto índice de desempleo en América Latina y España son una muestra de que el mercado laboral está cada vez más reñido en otorgar puestos laborales con condiciones decentes para el empleado y que -a la vez- signifiquen un incremento en la producción final del empleador. Dichos eventos dificultan la carrera por conservar un puesto de trabajo y mucho más en el caso de tentar un ascenso, ya que detrás de un puesto siempre hay varios postulantes. Desde que se inicia la postulación, se genera una competencia constante, lo cual significará que habrá que buscar un mecanismo por el cual se asegure la añorada estabilidad laboral.

Mantenerse dentro del sector económicamente activo del país y producir un excedente que genere ahorros es todo un reto. Pero si observamos con cuidado cada paso que damos, entonces la lucha interna por un puesto puede resultar mucho más sencilla de lo que parece.

LOS INICIOS LABORALES

Mantenerse en un trabajo puede ser costoso, pero lo es más aún si uno es nuevo dentro de la plana de una empresa. Si la empresa es grande, las expectativas del jefe frente a su personal serán más ágiles, con menor tiempo para reaccionar ante eventos de suma presión.

El problema de muchos nuevos profesionales gira en torno al PRG o "síndrome del profesional recién graduado". Este síndrome puede liquidar nuestra vacante en un puesto, pues limita mucho las posibilidades de un trabajo ágil, ya que mientras el joven profesional concentra su atención en conjugar la teoría con la práctica, alguien puede adelantarse, tomar la decisión y ganar el puesto, ascenso o premio —según sea el caso-. Esta situación puede significar la pérdida de una buena oportunidad de crecimiento.

Todos los que forman parte del mercado laboral están expuestos a sufrir la experiencia negativa de un despido. De esta manera, la idea negativa de que vale todo con tal de mantener el puesto que uno ostenta, es un tema difícil de alejar de la mente de cualquier empleado.

¿ASCENSO O ESTABILIDAD LABORAL?

A medida que el puesto laboral se vuelve de mayor envergadura, La pugna por el siguiente peldaño ocasiona muchos enfrentamientos: desde roces discretos entre los compañeros, hasta verdaderas batallas directas por un ascenso. Esta situación parece ya no importar tanto, pues desde que uno se inicia laboralmente lo único que importa es cuidar el puesto que uno ocupa.

La clave para ambos caminos (ascenso y estabilidad) está en nuestras manos y radica en conocernos bien para proyectar una imagen deseada y

Seguir en la carrera laboral. Algunos puntos clave para conservar un trabajo giran en torno a las decisiones que la empresa pueda tomar observando algunas características personales.

CONOCIÉNDONOS A FONDO

Actitud y Aptitud. Todos aquellos que analicen sus actitudes y sus aptitudes tendrán avanzado el camino hacia el éxito. Antes de tomar cualquier decisión es necesario comprender que uno debe ser asertivo; es decir, uno deberá realizar la función encomendada de manera exitosa, bajo la propia capacidad de análisis y trabajo. Esto representa tener una actitud positiva frente a los retos que nos proponen los jefes o los retos que nosotros mismos podemos proponernos.

Presentación personal. Mucho se dice acerca de la discriminación laboral y el grado de importancia que se le otorga al aspecto y presentación personal. Muchas empresas tienen una línea de imagen la cuál debe respetarse y tratar de mantener siempre de manera que esto no signifique estar observado por el jefe o simplemente origine conflictos. El aseo personal y la vestimenta hablan mucho del orden y personalidad, más aún de la capacidad que tiene el empleado para seguir una directiva.

Conductas apropiadas y éticas. Nuestra conducta diaria tiene mucha importancia en la elaboración de una correcta conducta laboral. La toma de decisiones y las responsabilidades asumidas son las que definirán nuestra "meta imagen" y muchas veces sueles ser las causantes de problemas tanto con compañeros como con jefes. Por lo tanto, hay que comprender que dentro de una empresa existirán siempre normas de respeto y ética profesional que nunca deben dejarse de lado. La mayoría de las cartas de despido giran en

Torno a las conductas laborales de los empleados, las cuales pueden incluso llegar a causar problemas legales. Todos aquellos que tengan en mente un crecimiento profesional y laboral deben comprender que la fidelidad a la empresa es parte gravitante de una carrera profesional. El respeto a los compañeros y una buena conducta harán que en lugar de una llamada de atención, se origina una carta de felicitación.

Compañerismo y actividades en la oficina. Sin lugar a dudas, el trabajo en la oficina es un trabajo de equipo, al cual debe tratarse con respeto y solidaridad. Aquellos empleados que no mantienen relación amical, resultan expectorados del grupo de trabajo y son observados por los jefes como elementos de desunión; situación que se contrapone con la tendencia al "trabajo en equipo".

ACTUALIZANDO CONOCIMIENTOS

El recorrido laboral implica estar conscientes de nuestras fortalezas y debilidades, de tal manera que podamos orientar y canalizar nuestras deficiencias a través de cursos, seminarios o talleres. La especialización busca de alguna manera llenar ese vacío que con el paso del tiempo y de la lejanía de las aulas va mermando la capacidad de todo profesional de entender las nuevas teorías y métodos aplicables a diferentes especialidades.

Actualización profesional. Un aspecto importante de la vida laboral es la exigencia que la actividad profesional nos impulsa a recorrer. Seguir cursos de especialización u otras alternativas que de alguna manera nos permitan adjuntar conocimientos a la actividad diaria es hoy una necesidad.

Muchas empresas requieren que su personal realice una determinada cantidad de horas de actualización con certificación, para mantenerlos como

Personal de la empresa. Esto podría sonar a obligación o capricho por parte del empleador; sin embargo, resulta un camino interesante para observar la conducta de los empleados frente a un requerimiento de mantenerse actualizado, a través del cual se puede observar la capacidad de cada individuo, a la vez que se observa el interés que cada empleado asume por mantener su cargo y tentar un ascenso.

En un mundo globalizado y dentro de un mercado laboral cada vez más competitivo, seguir un postgrado o un curso de especialización es parte obligada de la rutina laboral y una necesidad frente al alto número de candidatos para una plaza vacante. Los certificados otorgados ya no sólo pertenecen a instituciones dentro del territorio nacional, sino que la oferta educativa globalizada puede resultar tentadora, de tal manera que uno puede solicitar un curso a distancia de universidades extranjeras de primera categoría.

EVITANDO PROBLEMAS

Existen muchas empresas y mayor número de desempleados, muchos de ellos se encontrarán y algunas combinaciones podrían no resultar. Plantearse algunas palabras claves puede resultar importante a la hora de seguir un camino laboral

Afinidad. Un equipo de trabajo con conductas afines y normas de convivencia claras puede resultar muy productivo. Cuando uno realmente está interesado en su oficio y encuentra el mismo agrado en los mandos altos de la empresa, el éxito de la estabilidad laboral está asegurado.

Metas reales. Tanto el empleador como el empleado deben fijarse metas reales y buscar que lograrlas en conjunto pero con responsabilidades

Individuales. Todo aquel que desee mantener su cargo, debe comprender que conociendo las metas reales y sus posibilidades podrán enfrentar mejor los retos laborales.

Automotivación. Los diferentes psicólogos organizacionales creen que cuando un empleado tiene una automotivación apoyada en el crecimiento personal y como parte de una empresa, entonces su rendimiento será mayor y por lo tanto no estará en la lista negra de los posibles desempleados.

Lealtad. Observar el crecimiento de la empresa como parte del crecimiento personal alejará sentimientos negativos que muchas veces suelen llevar al empleado a vender información laboral o secretos de algún tipo a empresas del mismo sector, que terminará con las expectativas laborales.

Respeto. Otro aspecto importante para mantenerse siempre en la lista de los empleados del mes es el respeto a las normas, al horario, e incluso a las pautas que la administración de la empresa indiquen.

Hacerse necesario. Estar en el momento correcto y en el lugar correcto puede ser un mito, pero si uno crea la necesidad de su permanencia, estará originando una dependencia que puede muy bien servir como puente a la estabilidad laboral. Eso sí hay que demostrar lo que uno pregona y ser un operario competente en sus funciones.

-Capítulo 11-

CONCLUSION Y EXPERIENCIAS DIVERTIDAS CON ÉXITO

Hay que hacer una recapitulación sobre lo que hemos aprendido juntos y lo que es necesario hacer para poder conseguir ese empleo que deseas.

1) En primer instancia tienes que tener voluntad y deseo de tenerlo, puede sonar extraño e increíble pero tienes que estar seguro de que vas a conseguir ese empleo recuerda que en muchas ocasiones somos producto de lo que pensamos, si pensamos en triunfar y en ganar estamos en el camino correcto eso es lo primero

2) Elabora un plan de trabajo con fechas inamovibles tienes que ser lo más exigente posible contigo mismo, si las fechas que tu coloques en tu plan las tomas en serio y las consideras como fechas límite, ten por seguro que las cosas van a suceder pero si por el contrario tu eres la primer persona en no tomar en serio tus fechas límite y te das automáticamente extensiones y plazos ten por seguro que solo estarás perdiendo tu tiempo

3) Elabora tus dos Currículos tanto el de Entrada (recuerda que el cuadro B es de vital importancia) como el de Entrevista date un límite de tiempo para elaborarlo y posteriormente para que lo revise algún amigo o exjefe hazlo a fondo y a conciencia recuerda que el Currículo de Entrada es tu carta de presentación y el de Entrevista será tu apoyo y complemento en la entrevista así que procura hacerlo bien y a detalle la ventaja es que una vez que lo tengas

Listo lo podrás enviar cuantas veces quieras y más adelante solo tendrás que hacer pequeñas adecuaciones y actualizaciones

4) Prepárate para la entrevista, lee de arriba abajo tu Currículo, memoriza las fechas, los porcentajes, etc. Posteriormente pídele a algún ex compañero o amigo que funcione como entrevistador de igual forma si tienes confianza con algún exjefe pídele que te entreviste, muy importante pide retroalimentación y toma nota de las fallas que tengas corrígelas

5) Establece tu estrategia de distribución de Currículos y por supuesto crea un calendario o agenda donde te indiques los pasos que vas a seguir compañías a las cuales les vas a enviar los currículos , fechas de envío de los mismos y seguimiento de estos es recomendable enviar CV vía electrónica pero también vía física, dentro de esta agenda incluye las bolsas de trabajo en internet a las cuales desees ingresar tu CV y hazlo será laborioso la primera vez pero una vez que estas dado de alta en las bolsas de trabajo el seguimiento es más fácil

Guía Simplificada

-Elabora tu currículo de Entrada

-Elaboración del currículo de Entrevista

-Preparación para la Entrevista

-Distribución de Currículos

-Alta en Bolsas de Trabajo

-Seguimiento

Desde que se empezó a formar este documento en las pláticas y cursos, fuimos recogiendo experiencias de personas y de cómo les había funcionado, tanto de las que tomaron al pie de la letra los consejos que se dan en el documento, así como de algunos de ellos fueron que fueron más imaginativos y creativos.

Aquí están algunas de estas experiencias que compartieron con nosotros. Vale la pena comentarlas.

Miguel Contralor, al salir de entregar su currículo en las oficinas de un corporativo, vio en el directorio que, en el edificio de más de 20 pisos, había varias compañías que le llamaban la atención. Acudió a entregar su currículo y -en lugar de bajar por el elevador- fue bajando por las escaleras. En cada piso preguntaba por la oficina de RH, y en cada una de ellas dejaba sonriendo un currículo de entrada. ¡Le funcionó la estrategia!

María Compras realizó a conciencia sus currículos y su tarea de conseguir direcciones y datos de HH. Juntó más de cien, los imprimió de forma profesional, imprimió sus etiquetas y, sonriendo, los envió a todos por correo sin conocerlos o sin haber cruzado palabra con ellos. ¡Le funcionó la estrategia!

Rosa Tecnología convirtió la debilidad de ser demasiado especializada en un área por fortaleza. Averiguó datos de su mercado vía Internet y se enteró que una compañía extranjera relativa a su campo de especialidad abriría en el país. Entró a la página de Internet, tomó la dirección de e-mail del área de Recursos Humanos y de los principales Funcionarios que -de acuerdo a la nota- se harían cargo de las aperturas. Aún no habían empezado a contratar y ya tenían su currículo. Les agradó su iniciativa y ¡le funcionó la estrategia!

José Marketing leyó sobre una posición que le llamó la atención en un clasificado. Averiguó con la secretaria el perfil exacto del puesto que estaban buscando, adecuó su currículo a la posición y envió el currículo, y ¡le funcionó la estrategia!

Luis Multimedia se presentó a la entrevista, pero no paso del primer nivel, ya que habían contratado a otra persona. Averiguó el e-mail del dueño de la compañía y le envió un correo con sus datos, diciéndole por qué debía de contratarlo. Al dueño le agradó su pro actividad, le dio una cita directamente, y ¡le funcionó la estrategia!

Carmen Diseño, Tomo la sección amarilla y buscó todas las empresas que estaban en su ramo. Fue llamando una por una, diciendo que era la secretaria de un despacho de HH, que estaban recopilando vacantes para acreditar sus servicios como HH y que les enviarían candidatos sin cargo por un mes. Recolectó todas las vacantes que le dieron por teléfono (inclusive le enviaron por fax algunas), escogió las que eran de su especialidad y ¡le funciono la estrategia!

Alejandro Operaciones, caminando por una tienda de Autoservicio, comenzó a tomar nota de los cambios que se podían efectuar para mejorar la operación de la tienda, hizo un recorrido a conciencia, elaboró un documento a detalle indicando los cambios que se deberían hacer y lo que podría ganar la cadena si los aplicara en todas sus tiendas. Envió este documento junto con una copia de su currículo de entrada al Director de Operaciones de la cadena y al Director General, ¡le funcionó la estrategia!

Estas son solo algunas de las historias de Éxito, la mejor de todas, la tuya, está por escribirse, no importa si eres o te consideran Chairo o Fifi, las reglas aplican para todos y cada uno de nosotros, estos son tiempos interesantes, hay que aprender a vivir y triunfar en este ambiente y no importa cómo te denominen, Chairo o Fifi, tú decides tu destino nadie más...

www.ingramcontent.com/pod-product-compliance
Lightning Source LLC
Chambersburg PA
CBHW030719220526
45463CB00005B/2106